autoridad
BAJO
AUTORIDAD

UNA GUÍA PARA ERRADICAR EL
ESPÍRITU DE ABSALÓN

GUSTAVO PÁEZ M.

Contenido

Dedicatoria y agradecimientos

"Doy gracias al que me fortaleció, a Cristo Jesús nuestro Señor, porque me tuvo por fiel, poniéndome en el ministerio."

(1 Timoteo 1:12)

A todos los hijos que han sido engendrados por una palabra profética y, en consecuencia, han honrado este ministerio haciendo de la familia "Centro de Alabanza Oasis" un faro que alumbra el camino de vuelta a quienes se perdieron bajo el espíritu de Absalón.

A los que, por su obediencia y sujeción, se encuentran en el lugar que Dios les asignó. Ustedes son ejemplo de que al palacio se entra por lo puerta del reconocimiento a la autoridad y no por la ventana de la rebeldía, por lo tanto, estoy seguro que llegarán más lejos que nosotros. Los bendigo y declaro que serán mil veces mejores. (Deuteronomio1:11)

Introducción

AUTORIDAD. Esta es una palabra de pocos amigos y de muchos enemigos. Más allá de su significado, que en lo tocante a la sujeción de una persona a otra el diccionario de la Real Academia de la Lengua define como "poder que gobierna o ejerce el mando de hecho o de derecho", el reconocimiento de la autoridad y someterse a ella no es precisamente algo que agrade a todos. Vivimos en una sociedad carente de principios en la que algunos usurpan, violan o desconocen la autoridad, mientras los que la ostentan abusan de ella sin ningún escrúpulo.

No hablo de algo nuevo, la historia está llena de acontecimientos que indican la tergiversación de los sanos principios de autoridad establecidos en las Escrituras y cómo este hecho ha dado origen a guerras, destrucción y desaparición de sociedades enteras. Entre las tantas conductas que Dios toma como referencia para premiar a una persona, a una familia y a toda una comunidad, el sometimiento a la autoridad ocupa un lugar predominante. La Biblia dice: *"Sométase toda persona a las autoridades superiores; porque no hay autoridad sino de parte de Dios, y las que hay, por Dios han sido establecidas. De modo que quien se opone a la autoridad, a lo establecido por Dios resiste; y los que resisten, acarrean condenación para sí mismos"* **(Romanos 13:1-2)**

Pero el mundo ha "evolucionado" irrespetando a la autoridad y, por consiguiente, oponiéndose a los decretos de Dios. La Biblia contiene varios ejemplos de este fenómeno destructivo, muchos de los cuales fueron protagonizados por hijos que, cegados por la venganza y la ambición, un día decidieron levantarse contra sus padres. ABSALÓN fue uno de ellos.

La conducta de este hijo de David tiene los matices suficientes para describir a una persona que se levanta en contra de la autoridad establecida por Dios. Por su corazón envenenado, Absalón no fue capaz de mantener y respetar la relación de pacto que lo unía a su padre. Es por esto que, quien actúa como él en la casa, en la Iglesia, en los ámbitos gubernamentales o en cualquier otro núcleo social, se dice que está dominado por EL ESPÍRITU DE ABSALÓN.

En **"autoridad BAJO AUTORIDAD"** (una guía para erradicar el espíritu de Absalón), teniendo como punto de partida la personalidad y la conducta de este "rebelde" hijo de David, hablo de la importancia del sometimiento a las autoridades que Dios pone sobre nosotros, de los principios de sujeción respaldados por las Escrituras y de cómo el éxito está asegurado para todos aquellos que se disponen a guardar relaciones de pacto y honrar a sus dirigentes. Además, incluyo declaraciones proféticas para aquellos que, como usted, han decidido vivir bajo autoridad y que seguramente llegarán en el momento justo para encaminar su vida por la ruta de las grandes bendiciones del Reino.

GUSTAVO A. PÁEZ MERCHAN
Centro de Alabanza Oasis
Bogotá-Colombia.-

Fundamentos de autoridad

"Sométase toda persona a las
autoridades superiores..."
(Romanos 13:1)

AUTORIDAD, UN PRINCIPIO DEL REINO

"Quien ha tenido un encuentro con la autoridad trata simplemente con ella y no con el hombre. No miremos al hombre, sino sólo a la autoridad de que está revestido. No obedecemos al hombre, sino a la autoridad de Dios en ese hombre"

(Watchman Nee)

El concepto de autoridad es tan antiguo como la humanidad misma. Aunque muchas sociedades han pretendido hacerlo "evolucionar" para ajustarlo a sus intereses particulares, el principio esencial sigue siendo el mismo: "La autoridad implica dirección y conlleva sujeción"

La palabra "autoridad" tiene distintas definiciones según el contexto en el que se aplica, pero en lo referente al direccionamiento de una persona sobre otra para generar en ella una conducta específica, el significado no varía. Ejercer autoridad consiste en gobernar, en orientar el comportamiento de un subordinado. Sin importar el campo en el que se aplique, los lineamientos centrales de la autoridad indican que, alguien en una posición superior, dirige a otro en una posición inferior mediante la enseñanza o el estimulo de una orden para que actúe de una manera específica.

Existe una relación directa entre autoridad y legitimidad. Significa que, en la esfera gobernante, tanto a nivel institucional como de la sociedad en general, quien ejerce el "poder" sobre otros lo hace dentro del marco de normas y preceptos (leyes) que buscan el bienestar común. La autoridad debe estar en manos de personas idóneas, que además de contar con talentos y dones para este fin, se hayan capacitado para ejercer esta función.

DECLARACIÓN PROFÉTICA
PARA LOS QUE VIVEN BAJO AUTORIDAD

Sobre usted, que ha sido víctima de la injusticia como sucedió con Daniel y sus amigos, Dios pone su manto de justicia y le levanta en honra y reconocimiento ante los ojos de sus detractores.

 GUSTAVO PÁEZ M.

TIPOS DE AUTORIDAD

ABSOLUTA.- El término indica una gobernabilidad con autoridad independiente, ilimitada y sin restricción alguna, que no está condicionada a un ente superior y, por lo tanto, es causa de sí misma. Es la autoridad de Dios, cuyas características están definidas por sus propios atributos:

Omnipresencia. Su capacidad para estar en todas partes. (Salmos 139:7-8)

Omnisciencia. El conocimiento de todas las cosas. (Salmos 147:5)

Omnipotencia. Tiene todo el poder, por lo tanto, nada es imposible para Él. (Jeremías 32:17; Lucas 1:37)

Inmutabilidad. No cambia, permanece igual en su esencia, sapiencia y propósito con el hombre. (Malaquías 3:6)

Eternidad. No está limitado por la temporalidad humana, siempre fue, siempre es y siempre será. (Salmos 90:2)

Santidad. Es moralmente íntegro e impecable y esto lo hace perfecto. (Levítico 11:44; Mateo 5:48)

Sólo un ser con estos atributos merece ostentar la autoridad absoluta.

DELEGADA.- También se le conoce como "otorgada". Se da cuando una persona recibe de otra la facultad o el poder para dirigir u orientar a otros. La delegación de autoridad está justificada en la Biblia. Desde la Creación, Dios delegó autoridad al otorgarle a Adán y Eva el dominio sobre todas las cosas. Posteriormente la delegó a Noé y a los patriarcas y luego a los apóstoles y a la Iglesia.

> *"Y los bendijo Dios, y les dijo: Fructificad y multiplicaos; llenad la tierra y sojuzgadla, y señoread en los peces del mar, en las aves de los cielos, y en todas las bestias que se mueven sobre la tierra"*
>
> (Génesis 1:28)

CORRUPTA.- Cuando la autoridad delegada, por el hombre o por Dios, se pervierte debido a los intereses particulares de quienes la ostentan. Un caso específico de este tipo de autoridad es el de Nabucodonosor, rey de Babilonia, quien dominado por el orgullo y la soberbia tomó a Jerusalén, quemó el Templo y deportó a centenares de judíos. Dios lo castigó propiciando en él un desorden mental que le hacía creer que era un animal

A pesar de la evidente corrupción de estas autoridades, la sujeción y obediencia a ellas no queda excluida. Nos sometemos porque nos corresponde. **Los amigos de Daniel, Sadrac, Mesac y Abed-nego, aun sabiendo que eran víctimas de una injusticia, se sometieron a**

las decisiones de Nabucodonosor apoyados únicamente en la justicia de Dios.

"He aquí nuestro Dios a quien servimos puede librarnos del horno de fuego ardiendo; y de tu mano, oh rey, nos librará. .Entonces Nabucodonosor se llenó de ira, y se demudó el aspecto de su rostro contra Sadrac, Mesac y Abed-nego, y ordenó que el horno se calentase siete veces más de lo acostumbrado"

(Daniel 3:17 y 19)

DECLARACIÓN PROFÉTICA PARA LOS QUE VIVEN BAJO AUTORIDAD

Ha pensado que las manos que se extienden para abrazar y apoyar a otras personas nunca han venido sobre usted, pero está equivocado. Dios siempre le dará la cosecha de lo que ha sembrado. Vendrán personas que no conoce, le abrazarán, apoyarán su ministerio y sus sueños los harán realidad por cuanto ha bendecido a su autoridad

LA AUTORIDAD EN LA PERSPECTIVA BÍBLICA

"Recuérdales que se sujeten a los gobernantes y autoridades, que obedezcan, que estén dispuestos a toda buena obra"

(Tito 3:1)

La Iglesia de Cristo no está excluida del concepto de autoridad, al contrario, es en ella donde más debe observarse la práctica de este lineamiento que tiene un claro sustento en las Sagradas Escrituras como se confirma en el versículo anterior.

El apóstol Pablo tenía algo muy claro en su mente y en su corazón en cuanto a la sujeción y obediencia a aquellos que estaban en una posición directiva a nivel legal, civil y eclesiástica: **LA AUTORIDAD ES UN PRINCIPIO DEL REINO DE DIOS que debe establecerse en la tierra, en toda sociedad y en la Iglesia de Cristo.**

Cuando la autoridad se ejerce en atención a la legitimidad otros factores benéficos surgen como resultado: dignidad, mejoramiento de la calidad de vida de los dirigidos, excelencia en las instituciones, progreso en todos los ámbitos; sobre todo al tener en cuenta, como dice Romanos 13:1, que *"No hay autoridad sino de parte de Dios, y las que hay, por Dios han sido establecidas"*

Claramente se percibe en este texto que la autoridad emana de Dios. Cuando esta verdad es aplicada y reconocida en cualquier ámbito: familiar, empresarial, eclesiástico, civil y social, la justicia y la verdad divinas también son aplicadas. El texto de Romanos 13 nos da la idea de que, en cualquier sector en el que se desarrollen actividades que impliquen gobernabilidad, tanto a nivel civil como religioso, el reconocimiento de Dios y sus mandamientos debe imperar como garantía de un buen ejercicio administrativo.

En relación con la Iglesia, la investidura de un ministro o Pastor también proviene de Dios, no del hombre. Quizá por esto Pablo tuvo por costumbre introducir algunas de sus cartas con la expresión: *"Pablo, apóstol de Jesucristo por la voluntad de Dios..."* No es fácil digerir este concepto en el mundo actual donde el abuso de autoridad también ha permeado a la iglesia del Señor, y cuando a muchos miembros de algunas congregaciones les cuesta trabajo aceptar las directrices de su Pastor y someterse a él, pero nadie tiene derecho a cuestionar la autoridad de un ministro cuando su liderazgo se desarrolla en el marco de los parámetros bíblicos.

DECLARACIÓN PROFÉTICA
PARA LOS QUE VIVEN BAJO AUTORIDAD

Por cuanto usted reconoce la autoridad como un principio del reino de Dios, esa semilla de obediencia fructificará en el desarrollo de su liderazgo y permitirá que otros decidan aceptarlo como autoridad sobre sus vidas.

Es Dios el que ha definido y establecido las autoridades en una Iglesia, por lo tanto, ellas tienen la investidura e idoneidad para dirigir. Irse en contra de líderes y Pastores se considera un acto de rebeldía, es tocar el manto del ungido de Dios, lo cual acarrea consecuencias funestas. Por eso David no atacó a Saúl cuando tuvo la oportunidad de hacerlo, diciendo:

> *"…Jehová me guarde de hacer tal cosa contra mi señor, el ungido de Jehová, que yo extienda mi mano contra él; porque es el ungido de Jehová"*
>
> (1 Samuel 24:6)

Los Pastores, ministros y líderes de Dios no somos hombres perfectos, sino individuos con un profundo anhelo de ser más como Él. Somos personas que buscamos cada día ser más íntegras y consecuentes con lo que predicamos. La autoridad que Dios nos ha delegado y que desarrollamos fundamentados en los principios de su Palabra, pueda que le permita a algunos vernos con cierto halo de "perfección", pero éste no es más que el reflejo de Dios y la operación del Espíritu Santo en nosotros, lo cual aumenta nuestro compromiso.

Cuando un creyente pone su mirada en el hombre se arriesga a que, ante el mínimo error del Pastor, también se caiga con él; o lo incite a andar a la defensiva viéndose tentado a juzgar al líder y cuestionar a Dios. En referencia a este tema la Biblia dice: *"…Maldito el varón que confía en el hombre, y pone carne por su brazo, y su corazón se aparta de Jehová"* **(Jeremías 17:5).** En la Santa Biblia Reina Valera 1995, leemos: *"…que pone su* *confianza en la fuerza humana...".* Dios condena la actitud que nos impulsa a apartar la mirada de Él y poner la confianza en el hombre.

Usted tiene el compromiso de vivir en obediencia a sus Pastores y líderes porque ellos ostentan una autoridad delegada por Dios. Por encima de los atributos, los dones, el conocimiento y la sabiduría particular con que los administre, es la autoridad que Dios le otorga la que permite a un Pastor dirigir a sus ovejas y formar a sus discípulos. No es que las personas en estas posiciones de liderazgo no tengan errores ni luchen contra algunas deficiencias, sino que Dios ha encontrado en ellas una cualidad sobre la cual impartir su autoridad y una disposición en sus corazones para desarrollarla como la Biblia indica.

DECLARACIÓN PROFÉTICA
PARA LOS QUE VIVEN BAJO AUTORIDAD

Dios premiará su decisión de ver y apoyar a sus Pastores como individuos que anhelan ser más como Él, ubicándolo(a) a usted mismo(a) en una posición de honra.

Mirar al líder en su condición de hombre y no observar la autoridad que Dios ha puesto sobre esta persona, sólo abona el terreno para cultivar pensamientos de rebeldía que le llevarán a levantarse en contra para obstaculizar y destruir la Visión que Dios le ha dado a la congregación a través de su escogido. Dos actitudes son comunes a las personas que se desvían al poner la mirada en el hombre: una actitud pasiva dejando de involucrarse en las actividades de la iglesia, y otra activa para oponerse a los proyectos del liderazgo.

Mientras exista disposición en el corazón de cada persona bajo nuestra cobertura a ver la autoridad que ostentamos como un principio del Reino, su vida personal y la de la Iglesia como cuerpo de Cristo, serán edificadas y fortalecidas conforme al propósito de Dios para el cumplimiento de la Gran Comisión.

> El concepto bíblico de autoridad implica sujeción y obediencia. Es formar nuestro carácter siguiendo los pasos de un líder, con la seguridad de que él sigue las huellas del Maestro.

CAPITULO 2

AUTORIDAD Y OBEDIENCIA

*"Un ejército de ovejas comandado por un león, derrotaría
a un ejército de leones comandado por una oveja"*
(Viejo proverbio árabe)

No se puede concebir la idea de la autoridad sin ligarla al concepto de la obediencia. En lo que respecta a nuestra relación con Dios, nadie puede decir que reconoce su soberanía y su omnipotencia si al mismo tiempo no está dispuesto a obedecer sus mandamientos y a los líderes a quienes ha encargado su obra. Usted es testigo del sinnúmero de personas que día a día hablan de Dios y se dirigen a Él en busca de favores, pero que, por no andar rectamente y de acuerdo a su voluntad, viven vidas mediocres y sin lograr las aspiraciones de su corazón.

Autoridad y obediencia son dos pilares que nos sostienen y nos permiten existir y subsistir en medio de las circunstancias más difíciles. El concepto de autoridad nos delimita el camino por el que debemos andar, el de obediencia nos garantiza el avance seguro hacia nuestro destino.

DECLARACIÓN PROFÉTICA
PARA LOS QUE VIVEN BAJO AUTORIDAD

Hoy usted recibe la llave de la obediencia. Con ella tendrá poder, autoridad y acceso a los tesoros del Reino. Úsela en el nombre de Jesús.

Lo importante en este proceso es saber a quién dirigimos y también quién nos dirige. Como nos da a entender el proverbio del encabezado, la delicadeza y mansedumbre de las ovejas se convierte en fortaleza cuando son comandadas por la autoridad y la sapiencia del león. Usted puede ser una persona aparentemente débil para las demás, pero sus actuaciones dejarán huella si permite que alguien con la autoridad de Dios y el revestimiento del Espíritu Santo le dirija. Minutos antes que David matara a Goliat de una pedrada en la frente, nadie creía en él, ni siquiera sus propios hermanos. Incluso, la primera vez que Saúl lo vio dispuesto a asumir semejante responsabilidad, también dudó, pero resolvió seguirle la corriente al verlo con tanta seguridad y resolución para librar a los israelitas de semejante amenaza. Este proceso sirvió de base para que, posteriormente, todo el pueblo de Israel estuviera dispuesto a someterse a la autoridad de este hombre de Dios y apoyarlo en sus grandes conquistas.

> *"Vinieron todas las tribus de Israel a David en Hebrón y hablaron, diciendo: He aquí, hueso tuyo y carne tuya somos. Y aun antes de ahora, cuando Saúl reinaba sobre nosotros, eras tú quien sacaba a Israel a la guerra, y lo volvías a traer. Además, Jehová te ha dicho: Tú apacentarás a mi pueblo Israel, y tú serás príncipe sobre Israel"*
>
> **(2 Samuel 5:1-2)**

Como David estuvo dispuesto a sembrar obediencia en el terreno de autoridad de Saúl, luego cosechó la obediencia del pueblo en el terreno de su propia autoridad. El principio de siembra y cosecha también se vive entre directivos y subordinados, entre Pastores y ovejas, entre líderes y discípulos.

LA OBEDIENCIA, UNA PRENDA DE INCALCULABLE VALOR

> *"Obedeced a vuestros pastores y sujetaos a ellos; porque ellos velan por vuestras almas, como quienes han de dar cuenta; para que lo hagan con alegría, y no quejándose, porque esto no es provechoso."*
>
> **(Hebreos 13:17)**

La obediencia, aunque muchos la interpretan equivocadamente como una forma negativa de sometimiento, a los ojos de Dios es una prenda de incalculable valor. Digamos que un tesoro al que cada quien le asigna su precio de acuerdo a las satisfacciones obtenidas al ponerla en práctica. Alrededor de setenta versículos en la Biblia mencionan directamente los términos "obedecer" "obediencia" y "obediente", pero la connotación de estas palabras está contenida en centenares de otros textos en los que Dios quiere enseñarnos acerca de la necesidad e importancia de obedecer sus normas y preceptos y a quienes Él ha puesto como cabeza para liderarnos.

DECLARACIÓN PROFÉTICA
PARA LOS QUE VIVEN BAJO AUTORIDAD

Mientras los demás observan su debilidad, Dios lo reviste de sabiduría y fortaleza por su sujeción y obediencia a las autoridades que Él ha puesto sobre usted.

¿Cómo darle valor a aquella persona que en nombre de Dios vela por nuestra alma?, siendo obediente a ella.

El claro sentido de la obediencia dista mucho de la esclavitud con la que algunos la comparan y en la que un individuo es privado de su libertad perdiendo la oportunidad de realizar sueños y metas. Contrario a esto, obedecer es la acción fundamental para alcanzar la libertad y potenciar dones, talentos y habilidades. La conformación de una familia, la integración de un equipo deportivo, la elaboración de un proyecto televisivo y la estructuración y desarrollo de una empresa, requieren que el principio de la obediencia forme parte del eje de responsabilidades compartidas para alcanzar el éxito. Cuando una persona de estos grupos no cumple su función, todo se viene a pique.

Moisés, el rey David, nuestro Señor Jesucristo y el apóstol Pablo, entre otros personajes mencionados en la Biblia, así como Albert Einstein, Henry Ford, Michael Jordan, Luciano Pavarotti y Barack Obama, y muchos líderes de nuestra historia contemporánea, tuvieron que someterse a la autoridad y practicar el claro sentido de la obediencia para revolucionar al mundo ejerciendo su oficio. No existe persona sobre la tierra que pueda eximirse de esta responsabilidad si espera posicionarse en un lugar de reconocimiento. Aun los líderes de las grandes potencias están sujetos a regulaciones específicas que deben ser cumplidas para mantener un balance positivo y ordenado en el mundo entero. La Iglesia no puede actuar fuera de este lineamiento. Ella tiene la responsabilidad de servir de modelo a las otras instituciones que buscan el equilibrio social, el bienestar de la gente.

Por donde se le mire, la obediencia tiene un valor incalculable que sólo los obedientes pueden acariciar y disfrutar.

LA DESOBEDIENCIA, FUENTE DE PÉRDIDAS Y ESCLAVITUD

"Pero acontecerá, si no oyeres la voz de Jehová tu Dios, para procurar cumplir todos sus mandamientos y sus estatutos que yo te intimo hoy, que vendrán sobre ti todas estas maldiciones, y te alcanzarán."

(Deuteronomio 28:15)

DECLARACIÓN PROFÉTICA
PARA LOS QUE VIVEN BAJO AUTORIDAD

El fruto del respeto a la autoridad que hoy le da cobertura, usted lo recogerá en los discípulos que ven su disposición a respetar el manto de autoridad que le dirige.

Obedecer es más sencillo y más económico que desobedecer. La desobediencia es fuente de pérdidas y esclavitud. La violación de una norma, tanto en el contexto cristiano como secular, trae consecuencias que acarrean un alto precio a nivel moral, económico, material y espiritual. Mientras gozar de libertad es el premio destinado a los obedientes, la cárcel está preparada para los infractores. No me refiero únicamente a los barrotes físicos de las prisiones, sino a aquellos que son más crueles: los espirituales.

Para ser más específicos, la Biblia habla de "maldiciones" como consecuencia de desobedecer las normas establecidas por Dios. Deuteronomio 28 establece un parangón entre obedecer y desobedecer los mandamientos y estatutos divinos y los resultados de cada uno de estos actos. Al ver el listado relacionado con las maldiciones, notamos que es más amplio que el de las bendiciones, no porque éstas últimas sean escasas o limitadas, sino porque Dios en su infinita misericordia se toma el tiempo suficiente para aclararnos por cuáles caminos no debemos andar si realmente queremos vivir bendecidos.

Si usted anhela ser exitoso en cualquier campo, una persona influyente y con autoridad reconocida, la obediencia es el único camino que le llevará a esta meta. Aunque algunos han llegado a ciertas posiciones desatendiendo las normas y desobedeciendo a sus líderes, su éxito ha sido efímero y de todas maneras han tenido que pagar el alto precio de sus errores. La desobediencia nunca paga bien.

Es cierto que existen otros factores que contribuyen al alcance del éxito, como la disciplina, la diligencia y el amor por lo que se hace, pero éstos se fortalecen cuando la obediencia va a la par con ellos. Un gobernante, líder o Pastor, jamás delegará responsabilidades trascendentales a aquellos que no están dispuestos a seguir y respetar sus instrucciones y no tienen un espíritu enseñable. Alguien así nunca es confiable.

DECLARACIÓN PROFÉTICA
PARA LOS QUE VIVEN BAJO AUTORIDAD

Ya existe un lugar y una posición de reconocimiento para usted, avance hacia ella sin salirse del manto de autoridad que hoy le cubre.

El soldado está obligado a ejecutar las órdenes de sus superiores. Los empleados tienen que llevar a cabo la tarea que los gerentes o dueños de empresas les asignan. Los estudiantes deben actuar según la orientación de sus maestros. Si en alguna de estas relaciones las órdenes de quienes están al mando no se cumplen, los subordinados se exponen a ser disciplinados o despedidos. La desobediencia cierra puertas y acarrea un dolor profundo.

Dios advierte acerca de las maldiciones que surgen cuando no se atienden sus directrices y entre las cuales ya conocemos la relacionada con la obediencia a las autoridades superiores. Todo el que aspire ejercer autoridad debe aprenderla y ganarla siendo obediente. La práctica de la obediencia se relaciona con el servicio, y al respecto Jesús dijo:

> *"...el que quiera hacerse grande entre vosotros será vuestro servidor, y el que quiera ser el primero entre vosotros será vuestro siervo."*
>
> (Mateo 20:26-27)

Mientras la desobediencia acarrea pérdida y esclavitud, la obediencia fiel mediante la práctica del servicio nos lleva a posiciones de reconocimiento en el reino de Dios. Usted y yo no cumplimos funciones siguiendo las directrices de otra persona con autoridad porque nos toca, sino porque esto forma parte del proceso para alcanzar el nivel de excelencia y reconocimiento al que Dios nos ha destinado.

Nuestra obediencia dibuja una sonrisa en el rostro de Dios y crea el ambiente propicio para que la Iglesia difunda su Palabra en el mundo.

FINALIDAD Y BENDICIONES DE LA OBEDIENCIA

"No hay camino que más presto lleve a la suma perfección que el de la obediencia"

(Santa Teresa)

No existe en las Sagradas Escrituras orden o mandamiento cuya finalidad no sea bendecir a quienes se dispongan a su cumplimiento y lo hagan en toda situación y circunstancia. Los que tienen que ver con la sujeción a las autoridades superiores se encuentran en el Antiguo y el Nuevo Testamento y todos ellos siguen la directriz de Dios apuntando a la misma finalidad: contribuir a la paz y el bienestar del hombre. Los siervos de Dios somos conscientes de la responsabilidad que tenemos de enseñar a las personas a obedecer siendo nosotros su ejemplo de obediencia, de modo que ellas disfruten el cumplimiento de las promesas bíblicas.

Dios nos hizo perfectos, a su imagen y semejanza, pero después de la caída de Adán la naturaleza pecaminosa entró en nosotros y todo cambió. De ahí en adelante el reencuentro con la perfección pasó a ser una necesidad en cada ser humano y también una demanda del Señor Jesucristo:

"Sed, pues, vosotros perfectos, como vuestro Padre que está en los cielos es perfecto"

(Mateo 5:48)

Esa búsqueda de perfección debe ser una necesidad y una aspiración continuas en cada ser humano, y la obediencia abona el terreno para satisfacerla. Cuando la obediencia a las autoridades se hace presente, las bendiciones de Dios vienen con ella.

OBEDIENCIA A LAS AUTORIDADES DESIGNADAS POR DIOS

"Y él mismo constituyó a unos, apóstoles; a otros, profetas; a otros, evangelistas; a otros, pastores y maestros, a fin de perfeccionar a los santos para la obra del ministerio, para la edificación del cuerpo de Cristo."

(Efesios 4:11-12)

La obediencia a la autoridad es un reconocimiento al orden divino. Específicamente en la Iglesia, este reconocimiento tiene una finalidad: nuestra perfección para servir. La obediencia fiel nos ayuda a crecer mientras somos pulidos y capacitados para ocupar la posición que Dios ha determinado para nosotros. De la misma manera, nuestra obediencia permite que la autoridad designada por Dios trabaje plenamente y sin contratiempos. De acuerdo al diseño del Padre, ser obedientes es el mejor camino para edificarnos en amor.

DECLARACIÓN PROFÉTICA
PARA LOS QUE VIVEN BAJO AUTORIDAD

Dios tiene los ojos puestos sobre usted y lo está perfeccionando para que le sirva. Quizá el dolor de este proceso sea intenso, pero nada comparable con la gloria y el bienestar que le esperan por su obediencia.

Obedecer, en el plano del Reino, nos otorga las herramientas necesarias para crecer y alcanzar *"...la medida de la estatura de la plenitud de Cristo"* **(Efesios 4:13)** y, además, nos brinda firmeza y convicción en la vida cristiana: *"Para que ya no seamos niños fluctuantes, llevados por doquiera de todo viento de doctrina, por estratagema de hombres que para engañar emplean con astucia las artimañas del error."* **(Efesios 4:14)**

Todo aquel que no obedece a las autoridades designadas por Dios, está expuesto a ser manipulado por otros que, actuando como instrumentos del adversario, utilizan sus artimañas para desviarlos de la verdad.

En nuestra relación con la Iglesia sólo tenemos dos opciones: ser canales de bendición u obstáculos para la misma. Cada quien decide en cuál posición ubicarse, pero recuerde que Dios nos lleva a una congregación para realizar un papel fundamental en ella que, si no lo cumplimos, afectamos al resto del Cuerpo ya que, de acuerdo a la enseñanza del apóstol Pablo, si un miembro duele o está enfermo, todo el cuerpo sufre. De ahí la importancia de vivir en obediencia siguiendo las instrucciones del Pastor o líder a cargo. Esta es la forma en que Dios nos bendice y una de sus maneras de hacernos saber cuánto nos ama.

DECLARACIÓN PROFÉTICA
PARA LOS QUE VIVEN BAJO AUTORIDAD

Como fruto de su disposición a la obediencia, los que antes le veían como un fracaso, muy pronto empezarán a verle como Dios lo ve: un imitador de Cristo.

Buscar la excelencia debe ser un objetivo de cada quien, pero en este proceso, la unidad y la comunión con la Iglesia cumplen un papel trascendental. Para que este objetivo se logre, la obediencia a la autoridad sacerdotal debe ser una característica visible en la congregación.

LA OBEDIENCIA NOS HACE IMITADORES DE CRISTO

"Sed imitadores de mí, así como yo de Cristo."

(1 Corintios 11:1)

Pablo tenía un modelo a seguir: Jesús. Esto le impulsaba a cuidarse de tal modo que todos percibieran la imagen de Cristo en él y estuvieran dispuestos a imitarlo por eso. Este interés del apóstol es el mismo que nos motiva a líderes y Pastores hoy en día a ser cada vez mejores a fin de que los discípulos que dirigimos sigan el ejemplo de nuestro posicionamiento en Cristo.

Algo debe estar claro en su mente: cuando usted obedece a sus líderes, está obedeciendo la autoridad de Dios y se está haciendo imitador de Cristo. De la misma manera, la obediencia nos permite dignificar al hombre de Dios y este acto es una expresión del amor de Jesús en nosotros. Al obedecer a nuestras autoridades agradamos a Dios al tiempo que beneficiamos al prójimo y a nosotros mismos. Efesios 5:1-2, dice: *"Sed, pues, imitadores de Dios como hijos amados. Y andad en amor, como también Cristo nos amó..."*, significa que Dios nos ha dado la capacidad de amar como Él ama. El apóstol Pablo usa la palabra imitar, que equivale a seguir su ejemplo. Este es un acto que surge de la voluntad del hombre, el Señor no lo va a hacer por nosotros, por lo tanto, debemos proponer en nuestro corazón el logro de esa imitación y amar a nuestros semejantes y autoridades.

La obediencia que nos hace imitadores de Cristo
está fundamentada, entonces, en el amor. Dios no
impone algo ni roba nuestra libertad de decidir
porque Él es amor. La Biblia dice:

*"El que no ama, no ha conocido a Dios; porque Dios es
amor"*

(1 Juan 4:8)

DECLARACIÓN PROFÉTICA
PARA LOS QUE VIVEN BAJO AUTORIDAD

*Dios cambia su sometimiento fundado en el
terror y el temor, por una obediencia centrada en
su maravilloso amor, en su Espíritu, en su Palabra
y en su poder.*

Cuando la sujeción y obediencia a nuestras
autoridades se centra en este parámetro, surgen
como algo natural y fácil de llevar. El amor no
impone porque no es orgulloso. Los individuos
enaltecidos son los que buscan imponer sus
reglas a otros, por lo tanto, la obediencia a
ellos está fundada en el terror y el temor. En
cambio, los líderes que actúan inspirados en el
amor de Dios, no imponen sus deseos, sino que
guían sabiamente de acuerdo a los principios
de las Escrituras. El líder imitador de Cristo no
le roba la libertad a quienes le siguen, sino que
los inspira a vivir libres obedeciendo a Dios.

Si usted es de los que ha recibido una encomienda del cielo para dirigir a otros, atrévase a desarrollar el carácter de Dios en su vida y liderazgo. El Señor ha puesto dentro suyo todo lo que necesita para ser como Él: su Espíritu, su Palabra, su amor y su poder. Active esas características divinas donde desarrolla su misión y liderazgo y verá el poder y el amor de Dios manifestarse a favor suyo y de todos aquellos que le siguen.

Ya que usted es un representante de Dios en la tierra, su imagen y semejanza, actúe como tal. Un hijo de Dios respeta a sus semejantes y a toda figura de autoridad, busca sobreponerse a las adversidades y adaptarse a cada circunstancia, además de servir de apoyo a quienes necesitan de su ayuda y dirección. El siervo revestido de autoridad busca lo mejor en todos aquellos que están bajo su cobertura. No juzga, sino que edifica en amor a su hermano recordando su propia condición de hombre.

OBEDECER ES CLAVE PARA SER BENDECIDOS

"Acontecerá que si oyeres atentamente la voz de Jehová tu Dios, para guardar y poner por obra todos sus mandamientos que yo te prescribo hoy, también Jehová tu Dios te exaltará sobre todas las naciones de la tierra. Y vendrán sobre ti todas estas bendiciones, y te alcanzarán, si oyeres la voz de Jehová tu Dios."

(Deuteronomio 28:1-2)

Ya comenté brevemente algunas de las bendiciones de la obediencia en el capítulo anterior, pero la Biblia tiene un listado de bendiciones en todos los campos tocantes a la vida del hombre para aquellos que obedecen sus normas y también se someten a las autoridades por Él establecidas. Luego del versículo del encabezado, Deuteronomio 28 relaciona esos campos y destaca específicamente los beneficios que Dios derrama sobre ellos.

Bendición territorial. "Bendito serás tú en la ciudad, y bendito tú en el campo"

Bendición familiar. "Bendito el fruto de tu vientre"

Bendición material. "Bendito…el fruto de tu tierra, el fruto de tus bestias, la cría de tus vacas y los rebaños de tus ovejas. Benditas serán tu canasta y tu artesa de amasar."

Bendición de protección. "Jehová derrotará a tus enemigos que se levantaren contra ti…"

Bendición laboral. "Jehová te enviará su bendición sobre tus graneros, y sobre todo aquello en que pusieres tu mano…"

Bendición de posicionamiento. "Te confirmará Jehová por pueblo santo suyo, como te lo ha jurado…"

Bendición de reconocimiento. "Y verán todos los pueblos de la tierra que el nombre de Jehová es invocado sobre ti, y te temerán"

Bendición de multiplicación. "Y te hará Jehová sobreabundar en bienes, en el fruto de tu vientre, en el fruto de tu bestia, y en el fruto de tu tierra…"

Bendición financiera. "Te abrirá Jehová su buen tesoro, el cielo…Y prestarás a muchas naciones, y tú no pedirás prestado"

Bendición de autoridad y liderazgo. "Te pondrá Jehová por cabeza, y no por cola; y estarás por encima solamente, y no estarás debajo…"

Estas bendiciones, conforme las plantea el libro de Deuteronomio, se dan primordialmente por cumplir los mandamientos de la ley de Dios, pero también se presentan como compensación por atender otras normas bíblicas como la sujeción y obediencia a nuestras autoridades superiores.

Los espíritus engañadores pululan en el mundo y en la Iglesia. La obediencia a las autoridades es un escudo que nos protege de ellos.

EL PELIGRO DE ATENTAR CONTRA LA AUTORIDAD ESTABLECIDA POR DIOS

"El que no obedece al timón, obedecerá al escollo"
(Refrán Bretón)

Permítame ahondar en este capítulo sobre lo que la Biblia dice en cuanto a la desobediencia al líder que nos da cobertura y cómo evitar caer en las trampas del enemigo.

Usted encontrará día tras día, tanto en los ámbitos cristianos como fuera de ellos, a personas que le darán decenas de justificaciones para no sujetarse a las autoridades. Lo harán fundamentados en algunos defectos que, según su apreciación personal, han descubierto en el líder, en los chismes que nunca faltan en los corrillos y, peor aún, en esa oculta ambición de poder que caracteriza a los acusadores. Sin importar cuál sea la razón que impulse a algunos a la desobediencia, ¡CUÍDESE DE ELLOS!, porque detrás de su máscara de aparente bondad y misericordia, está el malévolo rostro de un enemigo que quiere destruirlo, cortarle las alas para que usted no alcance la cúspide de reconocimiento que Dios determinó para su vida. Cuando se encuentre frente a alguien que hace comentarios negativos de quienes tienen la investidura de autoridad, recuerde estas palabras del proverbista:

"El testigo verdadero libra las almas; mas el engañoso hablará mentiras."

(Proverbios 14:25)

DECLARACIÓN PROFÉTICA
PARA LOS QUE VIVEN BAJO AUTORIDAD

Mientras otros sólo tienen ojos para ver los defectos de su líder, Dios le concede a usted la mirada de la gracia para observar sus cualidades, edificarse con ellas y alcanzar su destino.

La prudencia y la discreción conforman la estrategia para evitar caer en la trampa que el enemigo ha diseñado contra usted para que no se sujete a sus autoridades. Al respecto también dice el proverbista:

"La ciencia del prudente está en entender su camino; mas la indiscreción de los necios es engaño."

(Proverbios 14:8)

Desconocer o irrespetar la autoridad que Dios ha puesto sobre nosotros es peligroso. La desobediencia es un pecado, y cuando no se tiene en cuenta la dirección del timón del barco, como sugiere la frase del encabezado, nos sometemos a los obstáculos del camino.

DESOBEDECER LA AUTORIDAD ES ATENTAR CONTRA UNO MISMO

"María y Aarón hablaron contra Moisés a causa de la mujer cusita que había tomado; porque él había tomado mujer cusita. Y dijeron: ¿Solamente por Moisés ha hablado Jehová? ¿No ha hablado también por nosotros? Y lo oyó Jehová."

(Números 12:1-2)

En la segunda parte de este libro escribo un capítulo acerca de la murmuración contra los escogidos de Dios y sus consecuencias. Permítame adelantar un poco sobre el tema reconociendo que la murmuración es una de las formas más comunes de irse en contra de las autoridades asignadas por Dios. No es un asunto nuevo, el Antiguo Testamento contiene un sinnúmero de relatos en los que este pecado se encuentra como eje de sublevación e irrespeto al liderazgo de la época. Un ejemplo de ello es la actitud de María y Aarón cuando se enteraron que su hermano Moisés había tomado para sí mujer cusita (del hebreo "cus" que significa "negro". Fueron descendientes de Cam, el que se rebeló contra Noé). Lea la historia completa en el capítulo 12 del libro de Números.

DECLARACIÓN PROFÉTICA
PARA LOS QUE VIVEN BAJO AUTORIDAD

Cada semilla de fidelidad e integridad en su corazón, el Señor la convierte en una abundante cosecha de autoridad que los demás tendrán que reconocer en su vida, como hizo con Moisés.

Sobre el tema de la mujer cusita y la reacción de María y Aarón contra Moisés, la Torat Emet, "un mensaje de vida" dice en su nota sobre el versículo 1: "Fue Miriam la que hizo el comentario, por eso el versículo la menciona en primer término. La intención de Miriam no fue desacreditar a su hermano Moshé. Ella, simplemente, le comentó a Aharón una realidad –que Moshé se había divorciado- para que Aharón le hiciera comprender que debía corregir dicha conducta, que para Miriam era inadecuada". Moisés se había separado de Séfora, su primera esposa, porque le parecía indigno sostener un matrimonio que no se había dado dentro del marco de la ley de Dios. Él quizá pensó que, al haber escuchado el llamado del Señor, lo más sabio era casarse según las indicaciones de la ley. La pregunta que surge aquí es: de acuerdo, pero ¿por qué no contrajo matrimonio con la misma Séfora que era una mujer virtuosa? Este es un interrogante al que fácilmente no se le encuentra respuesta, sin embargo, tampoco es un argumento que desautorice el llamado de Dios ni constituya impedimento para el liderazgo de Moisés si tenemos en cuenta que, en esa época, un hombre podía tener dos esposas. Podemos creer que en su proceso de elección, Moisés decidió quedarse con la mujer que venía acompañándolo a lo largo del desierto.

El problema en el que Aarón y María se vieron involucrados obedece, no a que comentaran acerca del estado civil de Moisés, un asunto personal de este líder, sino a que ellos tocaron el manto profético, la unción y la autoridad que revestía a Moisés, al decir: *"...Solamente por boca de Moisés habla Jehová?"* Inmediatamente la Palabra dice que este comentario mal intencionado *"Lo oyó Jehová"* Es muy difícil, por no decir que imposible, hablar de hombres de Dios sin que se toque su manto. Cuando lo hacemos, se acarrean consecuenciascomo las ocurridas a Aarón y María. Por eso la Biblia advierte en Eclesiastés 10:20 *"Ni aun en tu pensamiento digas mal del rey, ni en lo secreto de tu cámara digas mal del rico; porque las aves del cielo llevarán la voz, y las que tienen alas harán saber la palabra"*.

¿Cuál fue la razón por la que Dios apoyó a Moisés y no a sus hermanos?: la autoridad que le había delegado debido a su fidelidad y la integridad de su corazón. Dios reaccionó así frente a la actitud malsana de María y Aarón:

> *"Entonces Jehová descendió en la columna de la nube y se puso a la puerta del tabernáculo, y llamó a Aarón y a María; y salieron ambos. Y él les dijo: Oíd ahora mis palabras. Cuando haya entre vosotros profeta de Jehová, les apareceré en visión, en sueños hablaré con él. No así a mi siervo Moisés, que es fiel en toda mi casa. Cara a cara hablaré con él, y claramente, y no por figuras; y verá la apariencia de Jehová. ¿Por qué, pues, no tuvisteis temor de hablar contra mi siervo Moisés? Entonces la ira de Jehová se encendió contra ellos; y se fue."*
>
> (Números 12:5-9)

DECLARACIÓN PROFÉTICA
PARA LOS QUE VIVEN BAJO AUTORIDAD

Ninguno de los errores de su pasado es más poderoso que su asignación divina. Por encima de sus errores como ser humano estará siempre el plan de Dios para que cumpla su propósito.

De aquí en adelante la historia narra que María quedó leprosa y Aarón tuvo que admitir el pecado que habían cometido.

Cuando Dios tiene un propósito con una persona y ella responde a su llamado, no hay fuerza humana o sobrenatural que impida su cumplimiento. **La Biblia no expone las razones que llevaron a Moisés a casarse con una mujer de Cus, pero sí clarifica que la autoridad que reposaba sobre Él fue confirmada por Dios.** A los ojos de sus hermanos, y quizá de otra gente, Moisés había cometido una falta, -aunque los comentaristas bíblicos no lo ven así exactamente- pero, de haber faltado, Dios siempre apoya a aquellos siervos que, a pesar de sus errores, procuran seguir siendo justos y fieles a su llamado. La enseñanza aquí es clara: el Señor busca hombres dispuestos y con un corazón fiel, no hombres perfectos.

No estoy justificando las faltas de los siervos de Dios, porque cada quien recoge de lo que siembra. Estoy clarificando que cuando se cometen errores, el Señor crea la manera de que éstos no entorpezcan el propósito que tiene con sus escogidos.

Pasados los días, y gracias a la intercesión de Moisés a favor de ellos, María recibió sanidad y Aarón fue perdonado. Este acto de misericordia divina también fue resultado de la confesión de Aarón ante Dios y su líder: *"...¡Ah! Señor mío, no pongas ahora sobre nosotros este pecado; porque locamente hemos actuado, y hemos pecado."* **(Éxodo 12:11)**. Confesiones y actitudes de arrepentimiento como ésta son las que Dios está dispuesto a escuchar cuando alguien que se ha levantado contra su líder o Pastor reconoce su equivocación y no quiere sucumbir bajo la ira divina.

Si usted quiere librarse de las consecuencias de atentar contra las autoridades puestas por Dios en su Iglesia, cuídese de asumir la actitud de María y Aarón. Habrá muchas cosas que no le gusten de sus dirigentes, pero de una algo puede estar seguro(a): Dios se encargará de pedirles cuentas a todos ellos. No tome la justicia en su mano. Dispóngase todos los días a vivir en sujeción y obediencia y verá la gloria de Dios resplandeciendo siempre en su vida y en todo lo que se proponga.

> Dios no busca hombres perfectos para realizar su obra, sino a hombres fieles para perfeccionarlos dentro de su obra.

El espíritu de Absalón

CAPÍTULO 5

ABSALÓN: EL ESPÍRITU DE LA INSURRECCIÓN

"La venganza es una pobre compañera de viaje"

(John L. Mason)

Los principios y conceptos de autoridad estudiados en la primera parte de este libro, cobran vida y se comprenden mejor cuando los analizamos en la conducta de ciertos individuos y en la forma como se trabaja en algunas organizaciones. No existen instituciones sin personas, y tampoco hay personas cuyo comportamiento no se asocie con la familia a la que pertenecen o la institución a la que sirven. Es en este proceso de relaciones que se esgrimen los verdaderos intereses que inspiran a cada quien a comportarse como lo hace. Me refiero a las vivencias dentro de la casa, en los planteles educativos, en los ámbitos empresariales y, por supuesto, en la Iglesia. En todos estos campos de relacionamiento es el estado del corazón el que determina lo que somos y condiciona lo que hacemos. Al hablar de autoridad bajo AUTORIDAD, esta observación es vital. La Biblia dice:

"Todo camino del hombre es recto en su propia opinión; pero Jehová pesa los corazones"

(Proverbios 21:2)

DECLARACIÓN PROFÉTICA
PARA LOS QUE VIVEN BAJO AUTORIDAD

Recuerde que su nombre representa su naturaleza, su carácter y su destino. Si camina y vive bajo este principio, experimentará el éxito en todo lo que emprenda.

Ostentar un manto de autoridad o someterse a ella, implica el desarrollo de una conducta que sólo será sana en la medida en que el corazón también esté sano. De no ser así, el plan de Dios para una comunidad a través del ejercicio de la autoridad será perturbado. La Biblia contiene varios ejemplos de hombres y mujeres que se conectaron con el plan de Dios para bien suyo y de sus naciones, pero también encontramos en sus páginas relatos acerca de personas que se desviaron del camino desobedeciendo la directriz del cielo y perturbando con ello, no sólo a sus familias, sino a pueblos enteros. Absalón es una muestra del comportamiento equivocado que trastorna la tranquilidad de una comunidad u organización al irrespetar la autoridad legalmente establecida.

¿QUIÉN FUE ABSALÓN?

"Y nacieron hijos a David en Hebrón; su primogénito fue Amnón, de ahinoam jezreelita; su segundo Quileab, de Abigail la mujer de Nabal el de Carmel; el tercero Absalón hijo de Maaca, hija de Talmai rey de Gesur"

(2 Samuel 3:3)

Cuando de hablar del espíritu de venganza se trata, el nombre de Absalón salta a la palestra. Si se habla del espíritu de traición, Absalón también se hace presente. Y si el tema tiene que ver con el espíritu de desobediencia a la autoridad, igualmente es inevitable mencionar a Absalón. En este hombre se conjugan todas las características negativas que identifican a aquellos cuyo corazón es envenenado por Satanás y se levantan contra la figura de autoridad y liderazgo que Dios ha puesto sobre ellos.

Absalón fue el tercer hijo de David, nacido de una princesa de Gesur. Se hizo famoso por su hermosura física al punto que la Biblia lo describe así:

> *"Y no había en todo Israel ninguno tan alabado por su hermosura como Absalón; desde la planta de su pie hasta su coronilla no había en él defecto"*
>
> **(2 Samuel 14:25)**

DECLARACIÓN PROFÉTICA
PARA LOS QUE VIVEN BAJO AUTORIDAD

Dios pone en sus manos otra llave poderosa: la que abrirá las puertas de la prosperidad en su vida, siempre y cuando permanezca en sujeción a la autoridad que ha puesto sobre usted.

Además de belleza, Absalón tenía todo lo que un hombre pudiera pedir: poder, fama, gloria, educación, y pertenecía a la familia real. Sin duda gozaba de los elementos necesarios y suficientes para ser un hombre exitoso en todo el sentido de la palabra, sin embargo, no fue así porque tomó el camino equivocado. Esto demuestra que la educación, los bienes materiales, la belleza física y el poder de ciertos apellidos no revelan quién es en realidad una persona. **La actitud, el carácter y la determinación lo son todo cuando se trata de perfilar quiénes somos y definir nuestro destino.**

"Absalón" significa *"padre de la paz"*, sin embargo, este personaje nunca honró su nombre con sus acciones, lo único que hizo fue desobedecer la autoridad y propiciar guerras en el reino de Israel contradiciendo con ellas el título profético que le había sido asignado. La Biblia contiene ejemplos de personas a quienes Dios les tuvo que cambiar el nombre para dignificarlos y asegurarles un destino promisorio y glorioso acorde con su propósito. Tal es el caso de Abram, "padre de elevación", quien pasó a llamarse Abraham, "padre de muchedumbre de gentes"; y el de Jacob, "el que suplanta", quien pasó a llamarse Israel, "el que lucha con Dios". Absalón no tenía necesidad de un cambio de identidad como sucedió con Abram y Jacob para asegurar un destino de bendición, pero su perverso corazón no le permitió disfrutarlo.

Como Judas, cuyo nombre tiene la misma raíz de Judá, que significa "alabanza", pero no se comportó de acuerdo a esa asignación, **Absalón perdió la asignación profética de su nombre al dejarse dominar por su ambición personal, su sed de poder.** A diferencia de los grandes hombres destacados en las Escrituras porque alcanzaron las promesas mediante la fe y la paciencia, Absalón prefirió anteponer sus intereses egoístas y no ceñirse al plan de Dios para su vida.

Absalón pudo ser "padre de paz", pero decidió levantarse contra su padre David y fue rebelde hasta su muerte. Al igual que usted y yo, él tenía el poder para elegir quién ser y lo hizo, pero de manera equivocada. Su conducta es una demostración fehaciente de que las decisiones, de una u otra manera, afectan nuestro destino.

DECLARACIÓN PROFÉTICA
PARA LOS QUE VIVEN BAJO AUTORIDAD

Hoy usted es dotado con la actitud, el carácter y la determinación para enderezar su camino y definir su destino. Dios le pone el nombre que necesita para cumplir efectivamente su asignación profética.

LA FATAL MEZCLA DE VENGANZA Y AMBICIÓN

"Mas Absalón huyó y se fue a Talmai hijo de Amiud, rey de Gesur. Y David lloraba por su hijo todos los días. Así huyó Absalón y se fue a Gesur, y estuvo allá tres años..."

(2 Samuel 13:37-38)

Todo liderazgo estará en peligro cuando entre los dirigidos se camufle alguien con sed de poder. Este tipo de personas aprovecha cualquier situación que tenga a la mano para satisfacer su ambición. En el caso de Absalón, su sed de venganza cuando su medio hermano Amnón abusó de su hermana Tamar, fue el punto de partida para develar lo que siempre había maquinado en su corazón: posicionarse en el trono.

La historia cuenta que Absalón tenía una hermana llamada Tamar de quien Amnón, su hermanastro, se había enamorado tan perdidamente que maquinó para accederla sexualmente. En venganza por este hecho, Absalón lo mató y se vio obligado a huir y exiliarse durante tres años en la tierra de sus abuelos maternos.

Como quizá hubiera sucedido con cualquier padre al que le preocupa el estado de sus hijos, David no sólo experimentó dolor por la muerte de Amnón, sino que se entristeció por el exilio de Absalón, su hijo preferido. Con la intercesión de Joab, general del ejército de David, Absalón regresó a Jerusalén, aunque David no lo recibió en audiencia durante mucho tiempo. Sólo después de dos años, al cabo de los cuales forzó a Joab para conseguirle una entrevista con su padre quemándole un campo de cebada, fue que Absalón volvió a hablar con David.

El relato de todo lo que hizo Absalón para convencer a Joab aparece en 2 Samuel 14. En este capítulo se lee una frase dicha con una aparente actitud de arrepentimiento muy típica de aquellos dominados por el espíritu de la venganza y la ambición y con la cual disfrazan sus verdaderas intenciones.

"...¿Para qué vine de Gesur? Mejor fuera estar aún allá. Vea yo ahora el rostro del rey; y si hay en mí pecado, máteme"

(2 Samuel 14:32)

Los ambiciosos y traicioneros nunca se van a presentar ante usted de manera violenta ni agresiva. Ellos cargan continuamente la máscara de las buenas intenciones, usan palabras suaves y actitudes sutiles, de modo que nadie descubra lo que realmente tienen en su corazón.

DECLARACIÓN PROFÉTICA
PARA LOS QUE VIVEN BAJO AUTORIDAD

Viene sobre usted el discernimiento para detectar a los ambiciosos y traicioneros que anhelan usurpar el poder y Dios también le concederá la sabiduría para apartarse de ellos.

Después de aquel encuentro, Absalón elaboró una conspiración contra su padre, se estableció en Hebrón y se proclamó rey. Nadie en Israel imaginó que este hijo de David fuera capaz de usurpar el trono y convertirse en tan grande amenaza que su padre tuvo que huir cuando Absalón marchó sobre Jerusalén. El comportamiento de este hombre es un ejemplo claro de lo que resulta de la mezcla de venganza y ambición y de lo que puede suceder en una Iglesia cuando los espíritus engañadores se mezclan entre la membresía. **La actitud de Absalón, alguien tan cercano y tan ligado al rey, confirma que aquellos de los que más tenemos que cuidarnos para no poner en riesgo nuestro liderazgo y autoridad, no necesariamente vienen de afuera, sino que están dentro, cubiertos bajo el mismo techo y comiendo del mismo plato.** Y otro detalle importante, en estos casos los rebeldes nunca actúan solos, siempre encuentran a alguien con su mismo espíritu traicionero que les ayuda en sus malsanos propósitos. Cuando David huyó, Absalón ocupó a Jerusalén con la ayuda de Ahitofel.

> *"Y mientras Absalón ofrecía los sacrificios, llamó a Ahitofel gilonita, consejero de David, de su ciudad de Gilo. Y la conspiración se hizo poderosa, y aumentaba el pueblo que seguía a Absalón"*
>
> (2 Samuel 15:12)

Alguien dijo que los líderes no estamos seguros en ninguna parte ni en medio de toda la gente. De un momento a otro podemos ser atacados por la espalda por nuestros enemigos o de frente por las mismas personas en quienes hemos depositado la confianza durante mucho tiempo. Ahitofel no era uno más en la corte del rey David, la Biblia dice que era su consejero, y aun así prefirió conspirar contra él uniéndose al bando enemigo.

Al igual que David, yo también he tenido que saborear el amargo sabor de la traición en algunas oportunidades, por eso entiendo el dolor del rey y comprendo también el suyo si ha experimentado algo similar.

LOS VENGATIVOS Y TRAICIONEROS NO ABANDONAN SU RESENTIMIENTO

"Entonces pusieron para Absalón una tienda sobre el terrado, y se llegó Absalón a las concubinas de su padre, ante los ojos de todo Israel"

(2 Samuel 16:22)

El detonante que desencadenó las acciones de Absalón fue la violación de su hermana Tamar por parte de Amnón, pero después de esto develó lo que por años venía fraguando en su corazón para ocupar la posición que ambicionaba. Sin embargo, no le bastó con posicionarse en el trono y desterrar a su padre sino que, para demostrar que había roto relaciones con David, violó a la vista del pueblo a varias de sus concubinas.

Los vengativos y traicioneros jamás abandonan el resentimiento. Conservan en su mente y en su corazón las imágenes de todo aquello que les ha afectado, con razón o sin ella, para en cualquier momento cobrar por eso así los involucrados ya no existan o hayan pedido perdón. Estas personas viven tan cegadas con el deseo de cobrar directamente las ofensas de las que han sido víctimas, que no se dan cuenta que la venganza, como dice John L. Mason, es una pobre compañera de viaje, por no decir que fatal. Al parecer, Absalón también consideraba que las acciones de Amnón contra su hermana comprometían a David por el silencio que éste guardó, y no le bastó con matar a Amnón, sino que siguió cobrando la afrenta deshonrando a las concubinas de su padre.

DECLARACIÓN PROFÉTICA
PARA LOS QUE VIVEN BAJO AUTORIDAD

Dios pondrá "Husais" (apresurados) que estarán dispuestos a luchar por usted y rodearlo, y también se encargará en su momento de vengar lo que otros le han hecho.

Aunque David encontró en su momento aliados como Husai para vencer a Absalón y algunas de sus estrategias dieron resultado, Dios se encargó de que él cosechara todo lo que había sembrado. En un momento cumbre de los acontecimientos los seguidores de Absalón se enfrentaron a los de David. La batalla resultó tan desfavorable para Absalón que se vio obligado a huir montado en un mulo, y al hacerlo, su larga cabellera se enredó en las ramas de una encina quedando colgado de ella. Joab aprovechó la situación para matarlo. A pesar de todo el mal que le había causado,

David lloró amargamente la muerte de su hijo. Esto es lo que hacemos los líderes y Pastores con todos aquellos que experimentan el castigo de Dios y sufren como consecuencia de su traición y desobediencia, lloramos por ellos porque nos duele los que les pasa, aunque sabemos que es parte del proceso que tienen que vivir para ser restaurados.

Es posible que usted en su condición de padre, líder, Pastor o maestro, se sienta identificado con David porque ha vivido experiencias similares por cuenta de un hijo o discípulo como Absalón. A lo mejor ha sido traicionado y burlado por personas a las que dedicó su tiempo, les compartió enseñanzas, y los apoyó en el alcance de sus sueños y esto le deja dormir mientras busca cómo defenderse. Permítame decirle que tenga paciencia, existen "Husais" que pelearán por usted. No tema que la cizaña crezca con el trigo porque los resultados se disfrutan en el tiempo de la cosecha.

> Si la traición y la venganza tocan a su puerta, recuerde que más grande es el que está con usted que el que está en el mundo.

EL ESPÍRITU DE ABSALÓN, SINÓNIMO DE REBELDÍA

*"Los monstruos son reales, al igual que los fantasmas.
Viven dentro de nosotros, y en ocasiones ganan"*

(Stephen King)

Es imposible hablar de Absalón como modelo que representa la oposición a la autoridad sin mencionar otro de los rasgos de su carácter y que distingue también a todos los que actúan como él: la rebeldía. Por decirlo de una manera directa, el espíritu de Absalón es sinónimo de rebeldía, en él se conjugan todas las fuerzas demoníacas que invaden el corazón de una persona y la incitan a sublevarse. La persona que se rebela contra sus autoridades superiores es indócil, desobediente, inconforme y peligrosa. Los

rebeldes se camuflan en cualquier organización
para oponerse a todo, pero con la intención de
asumir ellos el poder y ejercer la autoridad.

DECLARACIÓN PROFÉTICA
PARA LOS QUE VIVEN BAJO AUTORIDAD

*Usted es un líder proactivo que va en contra del
espíritu de Absalón. Dios derrama en su vida la unción
espiritual y la autoridad para erradicar la rebeldía de
su propia vida, de su casa y de la Iglesia.*

La Iglesia no está exenta de sufrir la filtración
de este tipo de personas. Como institución en
la que los cargos directivos son necesarios para
alcanzar los objetivos, el enemigo enviará a
ella sus emisarios para desestabilizar el orden
con actos de rebeldía. A veces ellos logran sus
objetivos porque no los percibimos fácilmente
o son expertos en ocultar sus verdaderas
intenciones. Stephen King, el reconocido
escritor de novelas y guiones cinematográficos
de terror, dice que los monstruos y los fantasmas
son reales, están dentro de la gente y una que
otra vez logran sus objetivos. Yo comparo a los
rebeldes con esos monstruos y le pido a Dios que
me dé discernimiento para detectarlos y frenarles
su accionar destructivo.

Absalón fue un rebelde que actuó siempre inspirado en su sed de poder y reconocimiento. Como todos los que tienen este rasgo en su personalidad, él lo hizo manifiesto de diferentes formas: oponiéndose a las normas, protestando continua y sistemáticamente, enfrentándose a las figuras de autoridad y haciéndoles ver a los demás que éstas eran injustas o estaban equivocadas.

> *"Y decía Absalón: ¡Quién me pusiera por juez en la tierra, para que viniesen a mí todos los que tienen pleito o negocio, que yo les haría justicia!"*
>
> **(2 Samuel 15:4)**

> *Muchos cayeron en su trampa, "...y así robaba Absalón el corazón de los de Israel"*
>
> **(2 Samuel 15:6)**

TIPOS DE REBELDÍA

> *"Ciertamente ninguno de cuantos esperan en ti será confundido; serán avergonzados los que se rebelan sin causa"*
>
> **(Salmos 25:3)**

La rebeldía, que es una actitud del corazón, da origen a la rebelión que es el delito consistente en levantarse contra el orden y la autoridad imperantes. La vergüenza y la muerte esperan a los que se dejan dominar por este pecado, como le sucedió a Absalón.

Mariano Yela, sicólogo experimental español y doctor en filosofía, dice que existen cuatro tipos de rebeldía: regresiva, agresiva, transgresiva y progresiva. Las tres primeras se ajustan al comportamiento asumido por Absalón y al de todos aquellos que tienen, al igual que él, una ambición de poder.

DECLARACIÓN PROFÉTICA
PARA LOS QUE VIVEN BAJO AUTORIDAD

Mientras la vergüenza espera a los que se dejan dominar por el espíritu de rebelión, a usted le esperan la exaltación y el reconocimiento por no tocar con maligna intención el manto del ungido de Dios.

Rebeldía regresiva. "Nace del miedo a actuar y se traduce en una conducta de encogimiento, de reclusión en sí mismo"

Las personas dominadas por este tipo de rebeldía están quejándose constantemente y protestando por todo, pero sin manifestarlo abiertamente. En la Iglesia se encuentra mucha gente con estas características. Dicen amar al Pastor y lo tratan con una sonrisa en sus labios, pero en su interior están inconformes por lo que él y su equipo de líderes hacen. Murmuran internamente cuidándose de no expresar lo que sienten porque no tienen la valentía para enfrentar sus problemas y ser sinceros con los demás. Suelen hacerse las víctimas cuando los líderes no los toman en cuenta y hasta llegan a decir que en ocasiones se aprovechan de ellos.

Rebeldía agresiva. "A diferencia de la anterior, se expresa en forma violenta. Es propia del débil, de quien no pudiendo soportar las dificultades que se presentan en la vida diaria, intenta aliviar su problema haciendo sufrir a los demás"

Los rebeldes agresivos están dispuestos a hacer uso de la fuerza y emplear la violencia para demostrar su poder. En realidad son débiles y frágiles interiormente y usan la agresividad para esconder su vulnerabilidad. También son comunes en una congregación. Se levantan contra el Pastor y otros líderes sólo para demostrar que son fuertes y que sus ideales son valiosos. Uno de sus rasgos comunes es que fomentan un ambiente de irrespeto a quien ostenta la autoridad en la Iglesia. Absalón no desperdició momento para hacerle ver a la gente que su padre David ya no estaba en capacidad de ocupar el trono y que Salomón, quien iba camino a ostentarlo por derecho y orden de sucesión, tampoco lo merecía.

Rebeldía transgresiva. "Consiste en ir contra las normas de la sociedad por egoísmo, utilidad propia, o por el simple placer de no seguirlas"

El rebelde transgresivo asume posiciones extremas con tal de oponerse a la autoridad y quebrantar las normas en pos de sus propios intereses. Puede transformarse en un criminal y defender sus ideales a costa del perjuicio a otros. Personas cegadas por este tipo de rebeldía no sólo desobedecen las leyes, sino que actúan en forma contraria a ellas por orgullo, por el simple gusto de oponerse, o para demostrar que pueden hacer lo que quieren y se benefician con ello. Absalón se caracterizó por transgredir las normas, aunque con su actitud demostraba que sólo estaba buscando el beneficio de toda la comunidad.

DECLARACIÓN PROFÉTICA
PARA LOS QUE VIVEN BAJO AUTORIDAD

Si camina bajo el manto de autoridad designado para su vida, usted, sus hijos, y los hijos de sus hijos, permanecerán en conexión con el plan de Dios y nunca faltará bendición en su casa.

Es fácil percibir en la Iglesia el espíritu del rebelde transgresivo. Se observa en aquellas personas que buscan cómo dividirla. Al igual que Absalón, lo hacen ganándose primero el corazón de la membresía, asumiendo actitudes de líderes, señalando los errores y debilidades del Pastor y de otros integrantes del equipo directivo, difundiendo chismes y falsos testimonios y generando contiendas. Su estrategia para estos casos siempre es la misma. Según ellos, "Dios los ha puesto allí para hacer reformas y llevar a la gente por el camino correcto", pero lo que realmente buscan es desbancar al que tiene la autoridad para ocupar su lugar o poner a alguien de su conveniencia. Absalón se levantó contra el liderazgo de David para beneficiarse a sí mismo. Se mostró como la mejor opción para gobernar a su país y maquinó de múltiples formas para ganarse el corazón de la gente.

Rebeldía progresiva. "Es la que fomenta el crecimiento, la que deriva de una actitud activa y la adopción de responsabilidades para su entorno"

Los especialistas en el tema catalogan la rebeldía progresiva como la que hace resistencia a las otras rebeldías negativas, o a la misma semilla que las produce. Pudiéramos decir "rebeldía contra la rebeldía". Sin embargo, en el contexto de la Iglesia de Cristo, es preferible identificar esta conducta como una "actitud proactiva", es decir, el comportamiento de aquellos que están dispuestos a apoyar y respetar el liderazgo establecido por Dios porque saben que de esta forma contribuyen sabia y sanamente al alcance de la Visión. Ninguna actitud rebelde es válida en la Iglesia. En la Biblia, rara o ninguna vez encontramos el concepto de rebeldía asociado a un acto edificante, al contrario, en ella ser rebelde o protagonizar conductas de rebelión se relacionan con desobediencia, pecado y prevaricación.

DECLARACIÓN PROFÉTICA
PARA LOS QUE VIVEN BAJO AUTORIDAD

La sujeción a su autoridad delegada por Dios le hará merecedor de la promesa escrita en 3 Juan 2: "Amado, yo deseo que tú seas prosperado en todas las cosas, y que tengas salud, así como prospera tu alma".

Los actos de rebeldía en la Iglesia contradicen el diseño de Dios en lo que respecta a la autoridad. Aceptar que se filtre en una congregación el más mínimo acto de rebeldía, así algunos digan que su intención es positiva, es lo mismo que tomarse una gota de cianuro y esperar que no haga daño porque no hemos ingerido el vaso completo.

De ahí que es preferible identificar como "proactivos" a los que apoyan el liderazgo. Los proactivos no hacen nada que vaya en contra de la Visión ni del líder al que Dios la ha revelado. Las personas que asumen esta actitud en el fondo de sí mismas se niegan a juntarse a los rebeldes propiamente dichos para llevar la contraria a la directriz imperante.

Su labor consiste en no permitir que esas posiciones negativas se arraiguen en una comunidad. Los proactivos son honestos protegiendo la dignidad propia, la de los Pastores y la del resto de la congregación. No se oponen al sistema, sino a la injusticia, por lo tanto, respetan a quienes ostentan legalmente la autoridad. Aunque siempre procuró mostrarse ante el pueblo como un hombre guiado por buenas intenciones y deseoso de buscar el equilibrio social, no se perciben estas cualidades en Absalón.

Los líderes proactivos no se dejan dominar por los antivalores, sino que caminan a favor del amor, la excelencia y la verdad. No se rinden ante los obstáculos, luchan para superar las dificultades y van en contra de la mediocridad, pero sin imponer su voluntad. Las personas con este perfil siempre respetan la libertad y dignidad de quienes les rodean y no hacen nada distinto a aquello que encaje dentro del orden y los intereses de una organización o de la Iglesia.

La vida de Absalón no fue nada distinto a lo que él mismo construyó siendo un rebelde. Su obsesión y obstinación por el poder lo llevaron a dañar el corazón de muchas otras personas que antes eran leales a su padre David. Valiéndose de la astucia, el engaño y la falsa espiritualidad, conspiró durante cuatro años para ocupar por un tiempo un trono que no le pertenecía. Su rebeldía no tuvo límite, como tampoco fueron limitadas las consecuencias de su actitud.

ALGUNAS SEÑALES DE PERSONAS INFLUENCIADAS POR EL ESPÍRITU DE ABSALÓN

La persona que ya está influenciada por el espíritu de Absalón, emite señales visibles, bien cuando está en contacto directo con el líder, o en reuniones en las que éste participe como portador del mensaje. Las siguientes son algunas de esas señales:

- No se sienta al lado del líder ni lo saluda como su padre o mentor, sino que lo identifica por el rol: "Hola, apóstol", "cómo está, fulano de tal". Ya no dice "mi apóstol", "mi pastor", "mi líder".

- Cuando la autoridad enfatiza algún punto de su mensaje, todo el auditorio aplaude, menos esta persona.

- Mientras otros respaldan las revelaciones, decisiones y acciones del líder, éste las contradice y las cuestiona para dividir y traer contrariedad al grupo.

- Se aísla. No llama al líder con la frecuencia de antes, empieza a cortar la comunicación con él.

- Se toma el tiempo para enviarle al líder mensajes con doble sentido porque no es capaz de hablar de frente, y si lo hace, asume una actitud desafiante.

- Entra en el maligno juego de las comparaciones, sobre todo en cuanto a la moral de quien dirige, y se pregunta: ¿Por qué a éste le va mejor que a mí si tiene tantos defectos y comete tantos errores?.

- Envidia el éxito del que ostenta la autoridad y cada vez que habla de sus conquistas, concluye que es él quien debería estar en su posición porque es "más santo".

- Jamás acepta ser confrontado. Y si usa la confrontación, él mismo la programa para su propio beneficio envenenando a otros que se mueven en su mismo espíritu de rebeldía para que lo apoyen.

- Está más pendiente de la vida del líder que de la suya para enfatizar sus debilidades y errores mientras desconoce sus cualidades.

- No alcanza ni vive su propio éxito por estar pendiente del éxito del líder que ostenta la autoridad.

CAMINE BAJO EL MANTO DE AUTORIDAD DE SU IGLESIA Y VIVA BENDECIDO

"Amado, yo deseo que tú seas prosperado en todas las cosas, y que tengas salud, así como prospera tu alma"

(3 Juan V.2)

En el Reino no tenemos muchas alternativas en lo que respecta a caminar bajo autoridad y vivir de acuerdo a ella. Sencillamente estamos en sujeción o no lo estamos. Ocupar una posición intermedia es lo mismo que trastabillar en el centro de una cornisa sin ningún punto de apoyo, en cualquier momento vamos a caer. El Señor no sólo estableció a su Iglesia, sino que también puso en ella figuras de autoridad con una responsabilidad ante Él para beneficiar a una comunidad. Andar bajo dicha autoridad es la única manera de permanecer en conexión con el plan de Dios y recibir sus bendiciones.

Otro hubiera sido el fin de Absalón de no haber permitido que el espíritu de rebeldía tomara su corazón. Existe una clara promesa de prosperidad en 3 Juan versículo 2 que resume lo que Dios quiere hacer en cada uno de nosotros a nivel espiritual, físico y material, pero esta promesa se cumple cuando demostramos nuestra disposición y capacidad a vivir bajo autoridad haciendo a un lado la rebeldía negativa. Usted merece ser feliz, pero necesita examinar sus actitudes respecto a la autoridad que Dios ha puesto sobre su vida y corregir aquellas que puedan parecerse a las de Absalón, para hacer realidad ese merecimiento.

Construya, edifique, sea progresivo, renuncie al espíritu de división, apártese de los que le proponen sumarse a sus actos de rebeldía, honre a sus autoridades y alístese para disfrutar lo que Dios ha determinado para todos aquellos que viven en obediencia.

Todo aquel que se rebela contra la autoridad, atenta contra su progreso, contra su propio liderazgo y contra su propia vida.

CAPÍTULO 7

MANIOBRAS DE ABSALÓN PARA POSICIONARSE EN EL TRONO

"Debemos temer que la ambición sólo sea la tapa del orgullo; mas también debemos temer que la modestia sólo sea un pretexto para la pereza"

(Jules Simón)

Si usted quisiera encontrar un personaje que reúna en sí mismo todos los rasgos característicos de los usurpadores de autoridad, Absalón es el indicado. A lo que ya hemos visto de su personalidad, se suma también su desmedida ambición de poder que lo llevó a maniobrar con procesos malignos hasta lograr su objetivo de sentarse en la silla de su padre y tomar el mando. Citando a un santo llamado Gregorio, el pensador Bossuet escribió una nota sobre la ambición que cerró con este renglón: "La ambición es tímida cuando busca, soberbia y audaz cuando ha encontrado" y Jules Simón, también haciendo alusión a la ambición, deja entrever que ésta puede ser la tapa del orgullo que domina a algunas personas. En el fondo, fueron la ambición y el orgullo dos de los aspectos que más influyeron en Absalón para no admitir más la autoridad de David y obstinarse en ocupar su lugar.

MANIOBRAS USADAS POR ABSALÓN PARA ALCANZAR SU PROPÓSITO

1.- Maniobras para recibir reconocimiento y poner a la gente asu favor.

> *"Aconteció después de esto, que Absalón se hizo de carros y caballos, y cincuenta hombres que corriesen delante de él. Y se levantaba Absalón de mañana, y se ponía a un lado del camino junto a la puerta; y a cualquiera que tenía pelito y venía al rey a juicio, Absalón le llamaba y le decía: ¿De qué ciudad eres? Y él respondía: Tu siervo es de una de las tribus de Israel"*
>
> (2 Samuel 15:1-2)

Absalón pasó todo el tiempo promocionándose a sí mismo y proyectando una imagen de realeza y dignidad mientras maquinaba en secreto su plan destructivo. Además de esto, buscó a personas débiles de carácter, de relaciones pobres con su autoridad y de poco o ningún compromiso con la misma, atrayéndolas con la idea de que él tenía la solución para sus necesidades. Actualmente este espíritu sigue manifestándose en la Iglesia en personas que dan a entender que el Pastor o la autoridad a cargo son el impedimento para que no asciendan y alcancen sus sueños. Usan como gancho la promoción de los errores y debilidades del líder disfrazándola con expresiones de falsa espiritualidad como "te comento esto para que oremos", "te lo digo a ti porque creo que tienes la madurez suficiente para manejarlo", y otras por el estilo.

Al igual que Absalón, estas personas se sitúan en lugares visibles para ser observados mientras fingen un genuino interés en las necesidades de la gente. Salen a la cacería de hombres y mujeres que andan como ellas, inconformes y reclamando justicia, aparentan comprenderlos, pero su único objetivo es convertirlos en sus adeptos. El apóstol Pedro advierte sobre los que caen en esta clase de maniobras, diciendo:

"Y muchos seguirán sus disoluciones, por causa de los cuales el camino de la verdad será blasfemado, y por avaricia harán mercadería de vosotros con palabras fingidas. Sobre los tales ya de largo tiempo la condenación no se tarda, y su perdición no se duerme"

(2 Pedro 2:2-3)

2.- Maniobras para cuestionar el interés del verdadero líder en su pueblo.

"Entonces Absalón le decía: Mira, tus palabras son buenas y justas; mas no tienes quien te oiga de parte del rey"

(2 Samuel 15:2-3)

DECLARACIÓN PROFÉTICA
PARA LOS QUE VIVEN BAJO AUTORIDAD

A partir de ahora Dios le dota de un carácter sólido, de relaciones fuertes y un claro compromiso con su autoridad, por lo tanto, nunca caerá en la trampa de los Absalones de este tiempo.

Absalón siempre fue astuto, él sabía que la única manera de alcanzar su pérfido objetivo era debilitando la imagen de su padre David fingiendo preocupación por las necesidades del pueblo.

Las personas que actúan bajo el mismo espíritu, generalmente aíslan a sus adeptos poniendo un muro emocional y mental y diciéndoles que no pueden comentar el asunto a nadie y, además, usan la profecía como herramienta para justificar su actitud, con frases como: "Dios dice que usted es el ungido, pero que no le cuenta a nadie". Además, estas personas se introducen en el círculo de autoridad para actuar como Absalón y Acam que violaron la intimidad de su padre descubriendo sus secretos y debilidades. Individuos como estos hacen reuniones secretas en los que se percibe una influencia maligna porque siempre dicen: "Dios me dijo que hiciera esta reunión, pero que no le comentara al Pastor". Todo lo que hacen, es a espaldas de la autoridad.

Los que cuestionan el interés y la preocupación del líder oficial por la gente que tiene a cargo, se valen de la calumnia, la crítica y la murmuración para lograr el objetivo de generar duda e incertidumbre respecto a la autoridad. Además, tienen la habilidad de usar las Escrituras para manipular a otros y lograr que los sigan. Siempre se interponen entre la membresía y el líder. Diótrefes es un ejemplo de este tipo de personajes.

"Yo he escrito a la iglesia; pero Diótrefes, al cual le gusta tener el primer lugar entre ellos, no nos recibe"

(3 Juan Vs. 9-10)

Si en algún momento usted recibe un mensaje en el que se indica que su líder está demasiado ocupado para atenderlo, que se ha desviado de la Visión o que ya no es como antes, no lo dude, alguien está maniobrando de la misma manera que Absalón.

3.- Maniobras para hacerle ver a la gente su superioridad y que es alguien más justo.

"Y decía Absalón: ¡Quién me pusiera por juez en la tierra, para que viniesen a mí todos los que tienen pleito o negocio, que yo les haría justicia!"

(2 Samuel 15:4)

La gente con el espíritu de Absalón siempre se muestra ante los demás como víctima de la autoridad. Hablan mucho de sus conquistas y logros, de lo que hubieran podido hacer y no han hecho porque el líder no les ha dado la oportunidad. Exaltan a algunos discípulos para ganarse sus corazones minimizando al Pastor. Para ello envían correos, hacen visitas no autorizadas y extienden invitaciones especiales a sus casas para ver películas, jugar y tomar café en el marco de una falsa convivencia, pero sólo con el objetivo de ganarlos como adeptos. Muchos caen en la trampa porque el manto de hipocresía que cubre a estos individuos es poderoso para cerrarles el entendimiento a los que les siguen.

Hacen gala de la justicia que debe aplicarse para beneficio de la gente y de cómo él o ella si buscaría la forma de que ésta sea visible en la Iglesia. Justifican la mediocridad de los que no crecen y se convierten en sus cómplices. Lo más triste es que usan el nombre y la figura del líder para mostrarse como alguien cercano a la casa y, siempre que les es posible, se mantienen cerca a la autoridad fingiendo una posición de importancia en la congregación.

4.- Maniobras para robar el corazón de la gente y mostrarse como el mejor referente de justicia.

"Y acontecía que cuando alguno se acercaba para inclinarse a él, él extendía la mano y lo tomaba, y lo besaba. De esta manera hacía con todos los israelitas que venían al rey a juicio; y así robaba Absalón el corazón de los de Israel"

(2 Samuel 15:5-6)

La habilidad de Absalón para conquistar el corazón del pueblo siempre fue evidente. Él sabía qué aspectos no formaban parte de la costumbre o de la forma de liderazgo de David y aprovechó esta circunstancia para poner a la gente a su favor. Por ejemplo, besarles con un alto fingimiento de cariño cuando se acercaban a él. **Las personas ansiosas de poder siempre tendrán una estrategia para que la Biblia trabaje a su favor haciendo interpretaciones forzadas y realizando actos de aparente espiritualidad y solidaridad.**

Al igual que Absalón, los que tienen sed de mando y liderazgo harán que el Pastor se vea como alguien decrépito e inoperante. Por haber sido hijo del líder principal, cuenta con información confidencial que usa para favorecerse. En ocasiones destaca las debilidades de la autoridad como base para él mismo ser ensalzado.

5.- Maniobras de mentiras para conseguir sus fines.

"Al cabo de cuatro años, aconteció que Absalón dijo al rey: Yo te ruego que me permitas que vaya a Hebrón, a pagar mi voto que he prometido a Jehová"

(2 Samuel 15:7)

La mentira y el engaño se suman a la personalidad de Absalón y la de todos aquellos que caminan bajo su mismo espíritu de desobediencia y maldad. Absalón hizo todo cuanto pudo para minar la confianza del pueblo en su rey. Fingió interés en pagar un voto de servicio a Dios en Hebrón para obtener el permiso de David, pero estando allá aprovechó para proclamarse rey.

DECLARACIÓN PROFÉTICA
PARA LOS QUE VIVEN BAJO AUTORIDAD

En ocasiones se ha dejado llevar por lo que dicen de usted, de su ministerio y de su familia, pero Dios le dice: "Mientras más se levanten los Absalones, más pelearé por ti. Contarás con mi favor sobre tu vida y tu casa".

La intención de Absalón no era espiritual, sino una maquinación para dar el golpe de Estado. Esta manera de actuar impera hoy en la Iglesia, los que tienen sed de poder esconden sus verdaderas motivaciones tras actos de devoción y consagración, olvidan que Dios es testigo presencial de lo que hacen y que será un Juez al que no podrán sobornar.

6.- Maniobras para dividir al pueblo.

"Entonces envió Absalón mensajeros por todas las tribus de Israel, diciendo: Cuando oigáis el sonido de la trompeta diréis: Absalón reina en Hebrón"

(2 Samuel 15:10)

El refrán que dice "divide y reinarás" se aplica fielmente a la personalidad y las actuaciones de Absalón. Este perverso siempre supo que la única manera de sentirse pleno en el poder era formando su propio grupo extrayendo gente del reino de David, y encontró a centenares de hombres dispuestos a ser engañados y a seguirle. Gracias a ese grupo de personas débiles de carácter, se apoderó de caballos, de carros y de todo un territorio.

Este es el mismo espíritu de división que ronda a la iglesia de Cristo en los tiempos actuales y que se empeña en lograr sus fines sin importar el daño que acarrea. **Hay noticias para los Absalones de hoy que se filtran en las congregaciones para desestabilizar a la autoridad y llevarse a la gente: todo plan diabólico siempre tiene una resistencia divina.** El Señor cuida la obra de aquellos a quienes ha escogido y permanecen fieles a su llamado.

7.- Maniobras para arrastrar a la gente mediante el engaño.

"Y fueron con Absalón doscientos hombres de Jerusalén conmovidos por él, los cuales iban en su sencillez, sin saber nada"

(2 Samuel 15:11)

Si un ministerio no se levanta como respuesta al llamado y la escogencia de Dios, entonces lo hará usando todas las tretas empleadas por Absalón para usurpar el trono de su padre David. Una de ellas es el engaño.

Absalón arrastró consigo a personas sencillas y desinformadas y las hizo cómplices de sus acciones. Las compró ofreciéndoles puestos y reconocimientos pasando por alto sus errores y deficiencias. Esto no se diferencia en nada de los mecanismos que emplean hoy en día aquellos ansiosos de poder. Los que actúan como Absalón nunca velan por el interés de sus seguidores, por eso andan detrás de ingenuos que pueden ser engañados confacilidad. Cuando estas personas se dan cuenta que han sido utilizadas, quedan desestabilizadas y, aunque tienen la oportunidad de arrepentirse, la recuperación de la confianza de la autoridad certificada y del resto de la congregación toma un buen tiempo.

EL ALTO PRECIO DE LA REBELDÍA Y OPONERSE A LA AUTORIDAD

"Y respondió Joab: No malgastaré mi tiempo contigo. Y tomando tres dardos en su mano, los clavó en el corazón de Absalón, quien estaba aún vivo en medio de la encina"
(2 Samuel 18:14)

El relato bíblico cuenta que la conspiración de Absalón contra su padre se hizo poderosa y aumentó el pueblo que lo seguía, pero toda conspiración sale a la luz y así sucedió con la de este usurpador. Lo que hay en el corazón del hombre siempre se manifiesta. Los amantes furtivos algún día dejan de esconderse, los ladrones salen de sus madrigueras, ylos violadores hacen públicas sus aberraciones, nada queda eternamente oculto. Absalón aprovechó el amor y la confianza que David le tenía para que éste no se diera cuenta de sus intenciones. Así avanzó hasta lograr su propósito.

Pero su conquista no fue para siempre. Dios se encarga de procesar a los rebeldes y a quienes se oponen a la autoridad hasta darles el fin que merecen. Si existe arrepentimiento genuino, su misericordia les cubre; si su obstinación persiste, la muerte les espera a la vuelta. De la misma manera que Absalón encontró en su camino a gente débil de carácter a la que pudo confundir para que le apoyaran en su plan, David también tuvo a personas fieles como Itai geteo que en el instante de mayor peligro le dijo:

> *"...Vive Dios, y vive mi señor el rey, que o para muerte o para vida, donde mi señor el rey estuviere, allí estará también tu siervo"*
>
> (2 Samuel 15:21)

Mientras entorpece el consejo de traicioneros como Ahitofel que se unió a Absalón, a los fieles como Itai y Joab Dios los respalda y los premia revistiéndolos también de autoridad en el momento preciso. Ellos fueron clave en la desestabilización del ejército de Absalón y en el regreso de David a Jerusalén. Atacaron de tal forma a los aliados de Absalón que incitaron a que éste huyera montado en un mulo. A mitad de camino su cabellera se enredó en un árbol y su cuerpo quedó colgado. Fue allí donde Joab *"...tomando tres dardos en su mano, los clavó en el corazón de Absalón, quien estaba aún vivo en medio de la encina"* **(2 Samuel 18:14)**

Durante un tiempo puede parecer que Dios no está atento a los ataques y persecuciones que algunos hacen en contra de su liderazgo, sin embargo, que el Señor esté en silencio no significa que esté quieto. Él hará que todo plan opositor caiga y en los próximos días será testigo de ello.

El precio de la rebeldía, la traición y la desobediencia contra el liderazgo establecido por Dios siempre es muy alto e, incluso, fatal.

CAPÍTULO 8

MURMURACIÓN,

OTRA MANIFESTACIÓN DEL ESPÍRITU DE ABSALÓN EN NUESTRO TIEMPO

"La murmuración se parece al humo porque se disipa pronto, pero ennegrece todo lo que toca"

(Madame De Stael)

¿Necesita otra descripción del espíritu de Absalón?: de manera perspicaz, aun usando palabras dulces y suaves y dando a entender que estaba sujeto a su padre, siempre murmuró de David. Su astucia nos permite concluir que el veneno de la murmuración no siempre brota a través de labios hostiles y altaneros, sino que también surge en medio de palabras floridas que convencen a los demás.

Murmurar consiste en hacer comentarios que comprometen a alguien ausente, así éstos sean verdaderos. Murmuración en hebreo es "ragan", que significadifamación, llevar cuentos, chismear. En griego, el término proviene de la raíz "gongustés" que significa obstinación. Y la palabra en latín deriva de la misma que da origen al verbo español cuchichear (contar en voz baja). De acuerdo a esto, el murmurador es alguien obstinado en difamar en voz baja para dañar la imagen de alguien.

DECLARACIÓN PROFÉTICA
PARA LOS QUE VIVEN BAJO AUTORIDAD

Dios ha preparado este tiempo para erradicar cualquier secuela de murmuración que haya afectado su vida, y lo lleva a una dimensión de autoridad y reconocimiento como premio a su obediencia.

Los murmuradores difícilmente modifican su comportamiento. Siempre tienen una explicación de lo que hacen y llegan al extremo de acomodar las Escrituras para justificarlo. Por ejemplo, Santiago 4:17 dice *"al que sabe hacer lo bueno y no lo hace, le es pecado"*, para el murmurador contar lo que sabe o cree saber de otros es hacer lo bueno porque, a su parecer, está previniendo a las demás personas. La murmuración se compara con un acto de magia o encantamiento porque quien escucha al chismoso frecuentemente parece hipnotizado.

Aquellos hombres como Ahitofel que se fueron juntando a Absalón, lo siguieron porque él tuvo la habilidad de encantarlos con sus palabras y convencerlos de sus aparentes buenas intenciones.

CARACTERÍSTICAS DEL MURMURADOR

1.-   Es cobarde.

"Y había gran murmullo acerca de él entre la multitud,.. Pero ninguno hablaba abiertamente de él, por miedo a los judíos"

(Juan 7:12-13)

Los murmuradores hablan a espaldas de los involucrados. No dan la cara porque carecen de valor para enfrentar a aquellos a quienes se refieren. Contrario a esto, luego de hablar mal, se encuentran con los protagonistas de sus chismes y los saludan afectuosamente como si nada estuviera ocurriendo.

2.-   No ha alcanzado madurez.

"Sin embargo, hablamos sabiduría entre los que han alcanzado madurez; y sabiduría no de este siglo, ni de los príncipes de este siglo que perecen"

(1 Corintios 2:6)

El murmurador es alguien que no ha tenido contacto con la sabiduría. Oculta sus propias

faltas tras las faltas de otro. Su carácter no
ha madurado y, por lo tanto, desplaza sus
debilidades proyectándolas en aquellos que son
blanco de sus comentarios. Siempre tienen algo
negativo que difundir de los líderes porque no
son ellos los que están en su posición directiva.
Por su inmadurez, son dominados por un espíritu
que los controla al igual que el drogadicto, el
alcohólico y el esclavo sexual.

*El Señor dice que la atmósfera de verdad y de justicia
que ha puesto sobre usted, prevalecerá por encima
de todo chisme y murmuración que se levante contra
su vida y ministerio.*

3.- Actúa como un criminal.

"La muerte y la vida están en el poder de la lengua"

(Proverbios 18:21)

El asesino mata el cuerpo, y el murmurador
aniquila la reputación. Mientras el proverbista
habla del poder de la lengua para generar
vida o muerte, el apóstol Santiago dedica todo
un capítulo de su libro para hablar del poder
destructivo de la lengua. Murmurar y maldecir
son equivalentes. El que murmura se incapacita
para bendecir.

Además de esto, la Biblia dice que los murmuradores:

- Son manchas en el pueblo de Dios. (Judas 10-16)

- Desarrollan actitudes impías. (2 Corintios 12:20)

- Tienen una mente reprobada. (Romanos 1:28-32)

RAZONES QUE IMPULSAN AL HOMBRE A MURMURAR

Así como ninguna maldición viene sin causa, de la misma manera toda conducta del hombre tiene su origen, bien sea mental, emocional o espiritual. La relación de causa y efecto también se da en cuanto a la murmuración. Las siguientes son algunas de las razones que impulsan al hombre a murmurar:

1.- Se murmura por ingratitud.

(Éxodo 16:2-3). Cuando el carácter del hombre no está bien estructurado, olvida la forma prodigiosa como el Señor lo ha sacado de algunas dificultades y ante otro tropiezo empieza a murmurar.

2.- Se murmura por envidia.

(Números 12:2). Los ambiciosos de poder siempre aprovechan la primera situación que les venga a la mano para murmurar en contra del que ostenta el liderazgo.

3.- Se murmura por descontento e inconformidad.

(Filipenses 1:12-14). Existen personas que murmuran manifestando que no están contentas con lo que han recibido de parte de Dios, siempre desean más así no hayan hecho méritos para merecerlo.

4.- Se murmura al pensar que Dios y la vida son injustos.

(Éxodo 17:3). El complejo de víctima también se hace manifiesto a través de la murmuración en combinación con la queja.

5.- Se murmura al pensar que Dios tiene motivaciones negativas contra nosotros.

(Deuteronomio 1:27). Como los israelitas, que en un tiempo fueron ingratos y blasfemos, existen personas que ven a Dios como alguien vengativo y castigador.

6.- Se murmura por incredulidad o por no escuchar la voz de Dios.

(Salmos 106:24-25). La murmuración también es resultado de la falta de fe, y esta carencia surge de la indiferencia a la Palabra de Dios. Es triste confirmar que el hombre está más dispuesto a creer y aceptar lo que le causa mal a su existencia, que a escuchar las promesas del Padre y esperar su cumplimiento.

RESULTADOS DE LA MURMURACIÓN

La murmuración es un aspecto de tanta trascendencia e influencia en las diferentes áreas de la vida, que la Biblia se refiere a ella de manera profunda y nos advierte sobre sus consecuencias:

1.-   Crea división.

(Hechos 6:1). Uno de los reveses que experimentó la Iglesia Primitiva, se debió a un chisme. A lo mejor fundamentado en una necesidad real, pero esparcido con la intención de incomodar al liderazgo del momento y dividirlo.

2.-   Rompe amistades.

(Proverbios 16:28). El proverbista dice que el chismoso o murmurador argumenta para separar a los amigos. La envidia se mezcla en estas situaciones y también toma como escenario a la Iglesia.

3.-   Paraliza el trabajo de la Iglesia.

(Números 12:10 y 15). Mientras María estuvo leprosa por haber murmurado contra Moisés, el pueblo también se quedó quieto y no pasó nada en el templo. La murmuración obstaculiza la obra de Dios porque rompe relaciones y enfrenta a las personas haciendo que éstas pierdan la motivación y se reduzcan sus energías.

4.- Genera muerte espiritual.

(Salmos 51:4). El individuo que se deja dominar por el espíritu de murmuración experimenta una resequedad espiritual que perdura hasta que reconoce su pecado. Nada en su vida avanza, los cielos se vuelven de bronce contra esa persona. Una confesión sincera como la que hizo David es el primer paso para reanimar el espíritu y volver a dar fruto.

CONSEJOS PARA NO CEDER AL ESPÍRITU DE MURMURACIÓN

1.- Proponga no unirse a los murmuradores.

El proceso de la murmuración es un asunto de oferta y demanda. Los chismosos desaparecen cuando no encuentran quien los escuche, y si ha caído en sus redes, sálgase de ese círculo maligno antes que la represión de Dios venga sobre usted.

2.- Tenga en cuenta que al escuchar a un murmurador, se convierte en su cómplice.

Quizá es peor que el murmurador aquel que lo escucha porque éste es el que lo mantiene vivo. Oídos activos, mantienen lenguas activas.

3.- Recuerde que el murmurador es un emisario de las tinieblas.

Ningún murmurador es embajador del cielo. Las palabras del chismoso son como música a oídos del enemigo y sus demonios.

4.- Reconozca que la murmuración obstaculiza la obra de Dios.

Pocas cosas pueden producir tanto estancamiento como un chisme propagado en el recinto de la Iglesia. Contrario a esto, la unanimidad propicia el ambiente para visitaciones especiales del Espíritu Santo.

5.- Convénzace que el que murmura de otros delante de usted, también murmurará de usted delante de otras personas.

Los chismosos y murmuradores son traicioneros, ellos harán cualquier cosa para ganarse el afecto de la gente. También son expertos recogiendo aquí para llevar allá.

6.- No olvide que la murmuración es un pecado.

En el listado de las obras de la carne que aparece en Romanos 1:29-32, la murmuración ocupa su lugar como fruto de una mente reprobada, compartiendo espacio con la injusticia, la maldad, las contiendas y los homicidios.

7.- Sobre todas las cosas, recuerde que al murmurar contra alguien lo hace contra Dios.

Por lo general el chismoso que usa su lengua para hablar mal del liderazgo, cree que se opone y le hace daño al dirigente. El Señor cuida de sus siervos y tomará cuentas de aquellos que los señalan como lo hizo con Aarón y María cuando atentaron contra Moisés.

SI HA SIDO VÍCTIMA DE MURMURACIÓN O EL AGENTE QUE LA PROPAGA, SIGA ESTOS CONSEJOS PARA RESTAURARSE

• Reconozca que necesita ayuda y entre en un proceso de restauración.

• Pida perdón por haberse dejado usar por el enemigo.

• No responda con murmuración si es usted la víctima de este pecado. Lleve su situación a Dios en oración.

- Demande ante el tribunal de Cristo para que los dardos del enemigo no le toquen ni le causen daño.

- Asuma su posición en Cristo, recuerde quién es y tome autoridad para guerrear contra el enemigo.

- Practique hábitos saludables. **No permita que alguien hable mal de otra persona en su presencia. Así tenga la razón en lo que dice, defienda a quienes son atacados. Lo aparentemente obvio no siempre lo es.**

- Acostúmbrese a elogiar siempre y no criticar.

- Cuando sea indispensable e inevitable confrontar a alguien, ore pidiendo sabiduría. Busque a la persona y dígale con amor lo que considere necesario, no le envíe razones.

- Cada vez que se sienta tentado a murmurar, recuerde que su boca fue hecha para alabar a Dios y para bendecir a su prójimo.

DECLARACIÓN PROFÉTICA
PARA LOS QUE VIVEN BAJO AUTORIDAD

Si camina bajo el manto de autoridad designado para su vida, usted, sus hijos, y los hijos de sus hijos, permanecerán en conexión con el plan de Dios y nunca faltará bendición en su casa.

Aniquilar el espíritu de Absalón que se manifiesta en la murmuración es una decisión personal. Lograr este objetivo es posible cuando pedimos que el Espíritu Santo unja nuestra mente, el corazón y las palabras, y cuando procuramos mantenernos en conexión con la Visión que Dios le ha dado a nuestros líderes.

> Todo el que murmura y propaga chismes, refuerza con sus labios el plan destructivo del enemigo.

El poder de la honra

*"Honrad a todos. Amad a los hermanos. Temed
a Dios. Honrad al rey"*
(1 Pedro 2:17)

CAPÍTULO 9

LA HONRA: UNA LLAVE PARA ACCEDER A LAS BENDICIONES DEL PADRE

"El honor es la poesía del deber"

(Alfredo de Vigny)

Existe una clave poderosa para garantizar nuestro bienestar en todas las etapas de la vida y para transitar seguros sin importar cuán escabrosos sean los caminos: LA HONRA. Ésta, que consiste en una sabia actitud de alabanza, gloria, honor y exaltación a Dios y el respeto a las dignidades que Él ha puesto sobre nosotros, actúa como una llave que facilita el acceso a sus bendiciones. En el cumplimiento del deber, los actos a través de los cuales rendimos honor a las autoridades, además de ser como una poesía, como dice el pensador Alfredo de Vigny, son una indicación de nuestra disposición a la obediencia.

Para cosechar honra ésta tiene que ser sembrada con actos de humildad y temor a Dios. El proverbista dice literalmente:

"Riquezas, honra y vida son la remuneración de la humildad y del temor de Jehová"

(Proverbios 22:4)

DECLARACIÓN PROFÉTICA
PARA LOS QUE VIVEN BAJO AUTORIDAD

Riquezas, honra y vida vienen a usted como compensación por respetar y honrar el manto de autoridad que Dios ha puesto para dirigirle.

Absalón quiso ser honrado y reconocido como autoridad, pero él nunca estuvo dispuesto a hacer la siembra necesaria para obtener esa cosecha. En un momento específico de su existencia, cada quien obtiene el fruto de lo que ha sembrado: amargura, fracaso y desilusión si sus actos han sido marcados por la desobediencia; o felicidad, riquezas y reconocimiento si su conducta se ha caracterizado por el sometimiento a las directrices de Dios y de las autoridades por él delegadas. Yo creo que Dios le ha traído a usted a este mundo para disfrutar de las riquezas de su

Reino mientras permanece en la tierra, y es mi deber decirle y enseñarle, partiendo de mi propio ejemplo, que además de vivir en obediencia a los mandamientos del Padre, es necesario disponerse a honrar a sus autoridades superiores. Hablo de rendirles honor a quienes la ostentan en la casa, en el lugar donde usted labora y, de manera especial, en la Iglesia.

LA HONRA Y LA CASA DEL PADRE

> *"Y el hijo le dijo: Padre, he pecado contra el cielo y contra ti, y ya no soy digno de ser llamado tu hijo. Pero el Padre dijo a sus siervos: Sacad el mejor vestido, y vestidle; y poned un anillo en su mano, y calzado en sus pies. Y traed el becerro gordo y matadlo, y comamos y hagamos fiesta; porque este mi hijo muerto era, y ha revivido; se había perdido, y es hallado. Y comenzaron a regocijarse"*
>
> **(Lucas 15:21-24)**

Al que honra, honra, y no existen mejores lugares para poner en práctica este principio que nuestra casa familiar y la Iglesia. Estos dos ámbitos son propicios para concretar y desarrollar relaciones de pacto entre padres e hijos, tanto en lo natural como en lo espiritual. Nada mejor que el calor de la casa y la armonía familiar. La tan conocida historia del hijo pródigo plantea un cuadro que sigue evidenciándose en el hogar y en la Iglesia y en el que el principio de la honra ejerce un papel diferenciador.

Al hablar del extraordinario poder de la honra a Dios y a las autoridades superiores, viene a mi mente la imagen del hijo pródigo, protagonista de la parábola de Lucas 15. Una mañana aprendí en la escuela de la oración, recordando a este personaje, que la arrogancia y la altivez –rasgos comunes en todos aquellos que no están dispuestos a sujetarse a la autoridad-, engendran dos gemelas: la estupidez y la desobediencia. Y, como hicieron con el hijo pródigo, nos hacen creer que la rebeldía es el mejor camino para disfrutar la provisión que sacamos de la casa del padre.

DECLARACIÓN PROFÉTICA
PARA LOS QUE VIVEN BAJO AUTORIDAD

Aproveche este momento para comprender que, mientras los dedos de la ignominia le han señalado el camino para perder, los brazos y las manos del Padre están abiertas para levantarle y guiarle por la ruta del triunfo.

La estupidez y la desobediencia nunca nos dejarán ver el amor y la misericordia de Dios, ni reconocer al proveedor, pero sí nos alejarán de Él y nos llevarán por caminos de disolución en los que, aparentemente, al inicio hay felicidad y reconocimiento. La gente se nos acerca, no por honra a lo que somos, que es la llave para disfrutar de la casa del padre, sino por la provisión que tenemos en el momento. Como al personaje de la historia de Lucas 15, la rebeldía y la desobediencia nos roban identidad y provisión y nos llevan a trabajar en aquellos lugares donde odiábamos estar.

Aquella rebeldía de Absalón le llevo a creer por un momento que había alcanzado la cúspide luego de deshonrar a su padre, que era al mismo tiempo su autoridad espiritual, y ya todos conocemos cuál fue su fin. De la misma manera, el hijo pródigo fue un rebelde que se levantó contra la autoridad y prefirió renunciar a la comodidad y el bienestar de la casa para aventurarse en un mundo lleno de atracciones, pero también muy incierto. Tal como a él le ocurrió, cuando asumimos esta actitud, todo lo construido con esfuerzo se aleja en el negro río del fracaso, dejándonos la vida sumida en la derrota. Es allí cuando somos confrontados por el dolor y éste nos hace llorar. Al enfrentar la triste realidad que vivimos como consecuencia de salirnos de la cobertura de autoridad determinada por Dios, nos vemos en la misma posición turbia del muchacho de la historia.

> *"Y deseaba llenar su vientre de las algarrobas que comían los cerdos, pero nadie le daba. Y volviendo en sí, dijo: ¡Cuántos jornaleros en casa de mi padre tienen abundancia de pan, y yo aquí perezco de hambre"*
>
> (Lucas 15:16-17)

Ese inevitable dolor es el megáfono del Padre que nos pone cara a cara con la triste realidad que acarreamos con nuestra equivocada decisión. Al alejarnos de la casa y la cobertura espiritual, tarde o temprano empezaremos a alimentar a los cerdos (pasiones, deseos), caemos bajo, nuestro límite es el la basura, el polvo, el barro, la decepción. Los que antes nos acompañaban en la aventura de desobediencia y falta de sujeción, ahora se ríen y nos dan las espaldas. Entonces el orgullo que había sido la aparente fortaleza, se va alejando para darle paso a la reflexión, al reconocimiento del pecado y al arrepentimiento, acciones indispensables para volver al camino de la obediencia y llegar de nuevo a la casa. Recibimos la llave del perdón y tomamos la decisión de empezar a caminar nuevamente bajo autoridad. Nuestro corazón palpita, los ojos vuelven a brillar llenos de esperanza porque en el fondo reconocemos que la tranquilidad y la vida plena no están en la provisión, sino en el Proveedor.

Todo este proceso nos enseña que la casa del Padre no está fundamentada en la humillación sino en el respeto, el amor, la misericordia, la grandeza. Como el joven de la historia, tomamos el camino de regreso con mucha incertidumbre porque pensamos que nuestro padre no nos va a recibir tal como estamos. Para probar el corazón del líder volvemos dispuestos a ocupar una posición de siervos. Ya conocimos "la vía dolorosa" de la dificultad y estamos dispuestos a ser "siervos" bajo techo, y no arrogantes con hambre fuera de la casa. Las lágrimas empiezan a rodar por nuestras mejillas, el corazón está expectante, pero en el fondo tenemos el convencimiento de que en la casa del Padre hay abundancia de pan.

Usted tiene derecho a disfrutar en esta tierra las riquezas del reino de Dios si vive en obediencia a sus mandamientos.

Ahora no ponemos condiciones, ya no decimos lo que debe hacer el líder de la casa ni imponemos lo que pensamos nosotros, sólo nos humillamos de rodillas en el piso en señal de rendición, obediencia y sujeción. Volver a la cobertura del manto de autoridad es sin duda la mejor decisión después de haber experimentado las consecuencias de la rebeldía. La más agradable sorpresa es que el Padre (Dios) está listo para darnos un abrazo incondicional y acogernos de nuevo como lo hizo el padre del relato.

"Pero el padre dijo a sus siervos: Sacad el mejor vestido, y vestidle; y poned un anillo en su mano, y calzado en sus pies"

(Lucas 15:22)

En este proceso el anillo representa autoridad, esa que se pierde cuando nos salimos de la cobertura que Dios ha puesto sobre nosotros. Indica que empezamos a caminar hacia una nueva dimensión en la que disfrutamos de todo sin necesidad de salir de la casa del Padre y el gozo de saber que LA HONRA ES LA LLAVE PARA DESFRUTAR DE SUS RIQUEZAS. El vestido es la cobertura de autoridad, de modo que ya no veo al padre espiritual, a mi líder o Pastor, como una competencia ni como el que nunca me va a dar herencia, sino que entiendo que todo lo que hay en la casa es mío, y que sin necesidad de cortar relaciones puedo ser enviado a cualquier lugar como autoridad delegada. Podemos estar seguros de esto porque la casa del Padre no es un lugar físico, sino una dimensión de honra.

DECLARACIÓN PROFÉTICA
PARA LOS QUE VIVEN BAJO AUTORIDAD

Ha llegado la hora de abandonar la condición de "hijo pródigo". Vuelva a la casa del Padre porque en ella hay vestido, zapatos, y un nuevo anillo simboliza la restauración de su autoridad.

En esta casa también están nuestros hermanos mayores que permanecen allí por años, pero que, por no usar la llave de la honra, a veces caen en el servilismo. Estas personas disfrutan de la cobertura, de la estabilidad que les da el lugar, pero no de todo lo que implica el poder de honrar al liderazgo, no por lo que hay en la casa, sino porque a través de este acto también se honra al Padre celestial. En este proceso el orgullo, la arrogancia y la altivez no entran, porque son instrumentos del devorador, de ese que sólo busca pervertir las relaciones de pacto y de honra.

Este es un buen momento para que usted se ubique, como lo hizo el hijo pródigo, en las dimensiones de honra de la casa del Padre. En ella somos honrados sin condicionamientos, disfrutamos cada uno de sus beneficios como hijos maduros y responsables. Las cicatrices que quedan por salir de casa y no reconocer y valorar la autoridad seguirán allí como evidencia para recordarnos que afuera sólo hay dolor, pero que al vivir en la dimensión de honra recibimos el todo de nuestro Padre Dios, quien será siempre el Señor de la casa.

> La honra y el respeto a la autoridad, conforman el estilo de vida que nos permite disfrutar las bendiciones que sólo se encuentran en la casa del Padre.

CAPÍTULO 10

LA BIBLIA, UN MANUAL DE HONRA

"La honra y el honor no son en manera alguna variables; no dependen de los tiempos, ni de los lugares, ni de las opiniones. No puede ni pasar, ni renacer. Su fuente eterna está en el corazón del hombre justo y en la regla inalterable de sus deberes"

(Rousseau)

Usted puede darse un paseo por el mercado literario y encontrar manuales completos acerca de la honra, pero verá que la mayoría de ellos están influenciados por la conveniencia del autor. Por lo tanto, la única fuente confiable para honrar a otros o ser honrados por ellos es la Santa Biblia.

Como dijo Rousseau, la fuente eterna de la honra está en el corazón del hombre justo, y de esta justicia sólo las Sagradas Escrituras hablan con propiedad. De principio a fin, en sus páginas encontramos enseñanzas y ejemplos que, de seguirse aplicando en la actualidad, tendremos familias, sociedades, empresas e Iglesias edificadas sobre fundamentos de respeto y exaltación de la autoridad. La creación entera nos da ejemplo del reconocimiento a Dios como autoridad suprema. El salmista dice:

"Los cielos cuentan la gloria de Dios, y el firmamento anuncia la obra de sus manos. Un día emite palabra a otro día, y una noche a otra noche declara sabiduría"

(Salmos 19:1-2)

Esto es honrar. La Biblia enseña también la manera como Abel se presentó a Dios con la mejor ofrenda de ese momento y con la cual rindió culto a la majestad del Padre.

"Y Abel trajo también de los primogénitos de sus ovejas, de lo más gordo de ellas. Y miró Jehová con agrado a Abel y a su ofrenda; pero no miró con agrado a Caín y a la ofrenda suya"

(Génesis 4:4-5)

Ese acto le costó la vida a Abel, pero se convirtió en el modelo de cómo honrar a Dios con el fruto del trabajo que Él mismo nos permite desarrollar. De aquí en adelante encontramos en el Antiguo Testamento un sinnúmero de actos de honra en los que sus protagonistas pudieron ver la gloria de Dios y las manifestaciones de su poder al darle el reconocimiento que sólo Él merece, porque dice en su Palabra: *"...yo honraré a los que me honran, y los que me desprecian serán tenidos en poco"* **(1 Samuel 2:30)**

LA HONRA A LA AUTORIDAD: UN MANDATO BÍBLICO

"Honrad a todos...Honrad al rey"

(1 Pedro 2:17)

Además de destacar los nombres de hombres y mujeres que honraron el poder de Dios, la Biblia contiene una amplia relación de aquellos que honraron a los líderes por Él escogidos para dirigir a su pueblo. Pusieron en práctica la sugerencia del apóstol Pedro honrándose entre sí para disfrutar la convivencia, y honrando a quienes tenían la autoridad para gobernarlos. Si usted es una persona que vive conforme a las normas de las Sagradas Escrituras, entonces debe caracterizarse por ser alguien que respeta a sus autoridades y les brinda la honra debida, no sólo orando por ellos y sometiéndose a su liderazgo, sino también ayudando a sostenerlos y dignificándolos siempre que tenga la forma y la oportunidad para hacerlo.

En cada relato histórico de las Sagradas Escrituras, Dios aprovecha para destacar el papel de sus protagonistas y cómo éstos triunfaron por honrarle a Él y a sus escogidos, o cómo fracasaron por no hacerlo. De no ser importante para el Señor el concepto de liderazgo no hubiera llamado a los patriarcas, a los reyes y a los sacerdotes para dirigir a su pueblo. Él siempre tuvo y sigue teniendo el poder para orientarnos directamente, pero desde el principio quiso enseñarnos la importancia de estar en sujeción y obediencia a personas como nosotros, pero escogidas y capacitadas para enseñarnos a andar en la voluntad del Padre.

DECLARACIÓN PROFÉTICA
PARA LOS QUE VIVEN BAJO AUTORIDAD

Dios abre las ventanas de los cielos y descenderán sobre usted la gracia y la sabiduría para comprender y predicar su bendita Palabra, el manual de honra.

Es claro entonces, que las figuras de autoridad han sido establecidas por Dios, de manera que al honrarlas, también lo honramos a Él. La Biblia es un manual de honra. En ella encontramos principios y enseñanzas que no sólo nos instan a honrar a Dios, sino también a sus escogidos. Abraham, Moisés, Josué, David y el mismo Jesús, encarnan el sentido de la obediencia y el poder de la honra como factores vitales para andar en el propósito de Dios. Estos y otros personajes nos enseñan que la honra de hoy es la semilla de la honra que recibiremos mañana. Jesús dijo:

"Si alguno me sirve, sígame; y donde yo estuviere, allí también estará mi servidor. Si alguno me sirviere, mi Padre le honrará"

(Juan 12:26)

ALGUNAS ENSEÑANZAS BÍBLICAS ACERCA DE LA HONRA

"Entonces María tomó una libra de perfume de nardo puro, de mucho precio, y ungió los pies de Jesús, y los enjugó con sus cabellos; y la casa se llenó del olor del perfume. . Entonces Jesús dijo: Déjala; para el día de mi sepultura ha guardado esto. Porque a los pobres siempre los tendréis con vosotros, mas a mí no siempre me tendréis"

(Juan 12:3, 7- 8)

Honrar también consiste en valorar a alguien por lo que es ante Dios, por lo que ministra, y por lo que representa en rango y autoridad. **El poder de la honra se determina, no por el tamaño del milagro que recibimos, sino por el agradecimiento que demostramos a aquellos que nos bendicen.** Las enseñanzas bíblicas sobre el tema integran una columna de fortalecimiento de nuestra fe y una guía para transitar por ese camino de exaltación a las personas que Dios usa para mostrarnos su gloria. Sin embargo, aunque la intención del Señor es bendecir a todos por igual usando a sus escogidos a través de una predicación, una enseñanza o una ministración, son muy pocos los que demuestran su gratitud.

DECLARACIÓN PROFÉTICA
PARA LOS QUE VIVEN BAJO AUTORIDAD

Mientras algunos se empeñan en señalarlo o dar media vuelta cuando lo ven, no deje de honrar el nombre de Dios. Como hizo con María, Él declara que "la rebelión es de ellos", y que usted es merecedor de su grandeza.

En la historia de Juan 12:1-8, además de Jesús, aparecen Lázaro, Marta y María. Los tres habían sido beneficiarios de un milagro, pero la actitud de cada uno identifica a tres tipos de creyentes en relación con la honra al Señor.

Los creyentes Lázaro. Lázaro significa "a quien Dios ayuda". Él fue resucitado por Jesús, pero no lo vemos honrando al Señor por haber hecho el milagro de devolverle la vida. Lázaro representa a los creyentes que buscan la ayuda del ungido de Dios, pero no son agradecidos.

Usted puede ser bendecido(a) por la unción, pero si su nivel de respeto a quien la porta no

alcanza para que el siervo se sientan honrados, esta unción no trascenderá en su vida.

Los creyentes Marta. Marta significa "ella era rebelde". El nombre proviene de un vocablo arameo que traduce "amante, concubina". Cuando Jesús llegó a visitarlos, Marta se concentró en los oficios de la casa. Ella representa a los creyentes que son sanados por la unción o rescatados de su vana manera de vivir, pero que, aunque sirven de vez en cuando, no se comprometen con la visión de la Iglesia. Son los eternos concubinos del ministerio, amantes que buscan por momentos la dulzura de la unción, pero que no se casan con ella. Este tipo de creyentes, al igual que todos los amantes, acompañan, dicen cosas lindas para hacer sentir bien a los líderes, pero en cualquier momento los abandonan.

Pablo tuvo "amantes de su ministerio", pero en sus momentos de dificultad fueron los primeros en abandonarlo porque no estaban comprometidos con la unción. Figelo (pequeño fugitivo) y Hermógenes (nacido por suerte), fueron dos de ellos (2 Timoteo 1:15)

Los creyentes María. María significa "la rebelión es de ellos". Esta mujer decidió no participar de la rebeldía de sus hermanos y determinó honrar al Señor. Representa a los creyentes que no se dejan contaminar en un ambiente de deshonra.

El ejemplo de María nos enseña que la honra se evidencia en tres actitudes:

- *Actitud de sacrificio por agradecimiento.* Se demuestra con la ofrenda. María había sido una prostituta rescatada por el Señor. Para ella el costo del perfume era alto porque el dinero lo había ganado vendiendo su dignidad de mujer, pero el agradecimiento que sentía por Jesús justificaba ese sacrificio.

- *Actitud de compromiso y lealtad.* María soportó las críticas por su actuación porque su nivel de honra era superior al comentario de la gente. La gente leal honra a quienes le bendicen, los desleales deshonran y maldicen.

- *Actitud de honra desinteresada.* Esta mujer no esperó un reconocimiento de parte del Señor ni de sus hermanos, sólo quería honrar a Jesús porque estaba agradecida. La gente de corazón agradecido no espera retribución por lo que hace y por eso el Señor se encarga de promoverla como lo hizo con María.

DECLARACIÓN PROFÉTICA
PARA LOS QUE VIVEN BAJO AUTORIDAD

De acuerdo a las Escrituras, tres cosas le ocurrirán si usa YA la llave de la honra: Dios hará que sus graneros estén llenos, abundantes y rebosantes.

A QUIÉN HONRAR SEGÚN LA BIBLIA

"Honrad a todos. Amad a los hermanos. Temed a Dios. Honrad al rey"

(1 Pedro 2:17)

Honrar, en el Antiguo Pacto es la palabra griega "kabad", que significa: atribuir peso, engrandecer, promover, dar gloria". La disposición a honrar a nuestros semejantes y de manera especial a quienes están en eminencia delante de nosotros y en la Iglesia, se convierte en un estilo de vida que da fruto cuando menos lo esperamos. La disposición a la honra es importante para labrar un camino que nos permita llegar al momento y al lugar donde también seremos reconocidos. La Biblia nos enseña que debemos honrar a todos, pero también nos guía a hacerlo de manera específica en los siguientes casos:

- **Honrar a padre y madre.**

  "Hijos, obedeced en el Señor a vuestros padres, porque esto es justo. Honra a tu padre y a tu madre, que es el primer mandamiento con promesa; para que te vaya bien, y seas de larga vida sobre la tierra"

  (Efesios 6:1-3)

No muchos creyentes les dan la honra debida a sus padres. Por eso es frecuente ver a hijos que los maltratan con la excusa de tener razones para hacerlo, pero en el reino de Dios los principios están por encima de las razones. En primera instancia, los padres son honrados mediante la obediencia y ésta debe ser incondicional. La compensación al cumplimiento de este mandamiento es *"para que te vaya bien y seas de larga vida sobre la tierra"*. La Biblia habla también de maldición como consecuencia de deshonrar a los padres. Esto fue lo que atrajo para sí Can cuando deshonró a Noé (Génesis 9:20-26)

- **Honrar a Dios.**

  "Dad a Jehová la honra debida a su nombre; traed ofrenda, y venid delante de él; postraos delante de Jehová en la hermosura de la santidad"

  (1 Crónicas 16:29)

Por encima de todo y de todos, debemos la honra a Dios. Para avanzar en la dimensión del Reino tenemos que descifrar sus códigos y en este nivel la honra se relaciona con tres acciones fundamentales: reconocer, agradecer y retribuir. Reconocer implica respeto, distinguir la gloria de Aquel a quien honramos. Agradecer se relaciona con fidelidad y lealtad. Retribuir nos lleva a la dádiva y el sacrificio, significa que debemos estar dispuestos a dar algo cuando honramos a una persona.

Además de reconocer su grandeza, la honra a Dios nos insta a serle fiel en todo, incluyendo ofrendas y dádivas. Cuando honramos a Dios sólo de palabra lo estamos haciendo en forma indebida, o mejor, incompleta.

- **Honrar el matrimonio.**

  "Honroso sea en todos el matrimonio, y el lecho sin mancilla; pero a los fornicarios y a los adúlteros los juzgará Dios"

(Hebreos 13:4)

La familia es el primer ministerio que Dios nos entrega. Después de honrar a Dios, ninguna otra instancia merece nuestra honra que el hogar. Esta honra empieza respetando la asignación que cada miembro de la familia ha recibido de parte del Señor. La palabra honra utilizada en Hebreos 13:4 es el griego "timios" que significa "de elevado precio, amado, apreciado, valioso". Lecho sin mancilla significa no tener algún historial que avergüence el matrimonio. La honra consiste en valoración y ésta debe brindarse en el hogar por la asignación divina de cada uno de sus miembros, aunque muchas veces su comportamiento no sea el adecuado. Santidad y honor en el matrimonio van tomados de la mano. Cuando un hombre honra a su esposa, se liberan respuestas sobrenaturales a su favor (1 Pedro 3:7).

- **Honrar a los ministros.**

  "Porque los ejerzan bien el diaconado, ganan para sí un grado honroso, y muchas confianza en la fe que es en Cristo Jesús"

(1 Timoteo 3:13)

Diaconado no es un cargo, sino un campo para servir a Dios. No servimos a Dios porque somos dignos, pero hacerlo nos convierte en merecedores de honra. Ejercer bien el diaconado y cualquier otra labor ministerial consiste en hacerlo con excelencia y ésta sirve de referencia para que los demás vean en nosotros a alguien digno de su atención, colaboración y respeto. Pablo ordenaba a la Iglesia a honrar a los buenos servidores y a la gente que inspiraba confianza. Cuando se honra a los no confiables, este reconocimiento lo utilizarán para golpearnos, por eso el proverbista advierte: *"Como quien liga la piedra en la honda, así hace el que da honra al necio"* **(Proverbios 26:8)**.

DECLARACIÓN PROFÉTICA
PARA LOS QUE VIVEN BAJO AUTORIDAD

Decida ver a sus Pastores como PADRES ESPIRITUALES y empezará a experimentar la bendición de Dios en todas las áreas de su vida.

La Biblia nos insta también a honrar a los ancianos de la Iglesia (creyentes maduros y ungidos para el servicio), a los que gobiernan bien. (1 Timoteo 5:17-19). Recuerde que la honra tiene que ver con estas tres acciones: reconocer, agradecer y retribuir. Pablo le dijo a Filemón que pusiera en su cuenta lo que Onésimo le debiera, pero le recordó que él mismo se le debía. Si Filemón honraba su cobertura pensaría: "No importa cuánto me deba Pablo, yo me debo a él porque me enseñó el camino de la bendición, la prosperidad y el propósito. Me salvó la vida, y todo esto vale más que el oro del mundo". Así piensan aquellos que aprendieron la bendición de honrar a sus líderes y Pastores, y por eso lo hacen.

El Señor exige que estemos en sujeción a las autoridades y la honra facilita la obediencia. **La disposición a sujetarnos a nuestros líderes se abre paso en el corazón cuando los vemos como escogidos de Dios para bendecirnos.** En otras palabras, somos bendecidos cuando vemos a nuestros Pastores como PADRES ESPIRITUALES que desean lo mejor para nosotros y tienen la gran responsabilidad ante Dios de cuidarnos y ayudarnos a crecer espiritualmente. También la Biblia garantiza esa paternidad celestial que nos asegura bienestar en las diferentes áreas de la vida personal y familiar, e igualmente lo hace a través de su hijo Jesucristo.

> "No se turbe vuestro corazón; creéis en Dios, creed también en mí. En la casa de mi Padre muchas moradas hay; si así no fuera, yo os lo hubiera dicho; voy, pues, a preparar lugar para vosotros. Y si me fuere y os preparare lugar, vendré otra vez, y os tomaré a mí mismo, para que donde yo estoy, vosotros también estéis"
>
> (Juan 14:1-3)

Fue en Jesús que los discípulos percibieron la paternidad de Dios. Hoy en día, los pastores tenemos la responsabilidad de acercar a cada persona y a la Iglesia en general al corazón de Jesús para que Él los acerque al Padre. De modo que cuando se honra la autoridad pastoral, se desbloquea el camino para disfrutar juntos de la casa y de la mesa de Dios.

Si usted sigue escudriñando las Escrituras, encontrará muchas otras razones para honrar a Dios y a sus siervos. La Biblia es nuestro mejor punto de apoyo para responder a aquellos que no han aprendido fielmente el concepto y el poder de la honra y nos cuestionan porque estamos dispuestos a practicarla. Estar bajo autoridad implica, de acuerdo a las Sagradas Escrituras, una disposición a honrar y exaltar a quienes Dios ha escogido para llevarnos al conocimiento pleno de su Palabra.

No honro porque el hombre me lo exige, honro porque Dios me lo pide y porque al hacerlo siembro semillas que cosecharé en mi propia honra.

DAVID Y LA SUNAMITA: PRÁCTICOS EJEMPLOS DE HONRA

"El que no ama a su hermano a quien ha visto, ¿cómo puede amar a Dios a quien no ha visto?"

(San Juan)

La honra es un acto de amor a Dios y de amor a nuestros semejantes. Cuando se practica conforme al modelo de las Sagradas Escrituras, se convierte en el punto de partida del amor y la honra que también merecemos como personas y como siervos de Dios. Jesús dijo: *"El que me ama, mi padre le amará".*

Existe un poder extraordinario en la práctica de la honra. Familias, instituciones educativas, ministerios e Iglesias, le deben su sostenimiento y desarrollo a la disposición que han tenido sus miembros para honrar sin condicionamientos a sus líderes respetando el manto de autoridad que ostentan. David y la sunamita son dos personajes que encarnan lo que quiero dar a entender. El primero, un líder de renombre en Israel que, aunque experimentó el sinsabor de la rebeldía de su hijo Absalón, también encontró en su ejército a hombres honestos como Joab que estuvieron dispuestos a honrarlo; la segunda, una mujer con una gran necesidad, pero que no escatimó esfuerzo alguno para honrar a Eliseo.

DAVID, HONRADO POR JOAB

"Entonces envió Joab mensajeros a David, diciendo: Yo he puesto sitio a Rabá, y he tomado la ciudad de las aguas. Reúne, pues, ahora al pueblo que queda, y acampa contra la ciudad y tómala, no sea que tome yo la ciudad y sea llamada de mi nombre. Y juntando David a todo el pueblo, fue contra Rabá, y combatió contra ella, y la tomó"

(2 Samuel 12:27-29)

¡Qué impactante acto de honra y reconocimiento a quien tiene la autoridad! Aunque en el curso de la historia bíblica vemos más adelante a un Joab que se enardece contra Absalón y decide no darle la oportunidad para que siga viviendo en venganza por todo lo que ha hecho contra su propio padre, en acontecimientos previos lo vemos protagonizando actos heroicos como militar y triunfando en cada uno de ellos, pero sin abrogarse el liderazgo que le corresponde a David. La toma de Rabá, una ciudad amonita, es una demostración de lo que hacen discípulos bien formados y comprometidos con la causa y con el líder de turno. La Biblia indica que fue Joab el que rodeó la ciudad y dirigió la batalla para tomarla. El ejército, que era el mismo de David, estuvo acompañándolo en la faena, pero en el instante del posicionamiento, él prefirió hacer lo que hacen aquellas personas que respetan a quienes Dios ha puesto como cabeza: dar aviso a David para que llegara al lugar y asentara su autoridad en ella.

DECLARACIÓN PROFÉTICA
PARA LOS QUE VIVEN BAJO AUTORIDAD

Si honra a su autoridad el día de hoy, tendrá argumentos para justificar sus aspiraciones de honra más adelante.

Cuánto nos hacen falta en la Iglesia de Cristo hoy en día, personas con el corazón de Joab. Hombres y mujeres dispuestos a reconocer el liderazgo que está sobre ellas, así algunas conquistas ministeriales se deban a su propio esfuerzo. Los que actúan como Joab lo hizo en esa ocasión, lo hacen en señal de gratitud entendiendo que esa conquista del momento no se debe únicamente a sus habilidades, sino también a las enseñanzas que el líder ha estado dispuesto a compartir con ellos.

Joab tenía todo a su favor para que la gloria de aquella victoria recayera sobre él, pero no lo hizo. Él prefirió darle el mérito a su líder porque sabía que al hacerlo, sembraba para su propio reconocimiento futuro. Para Joab, combatir en nombre de Dios y de su ungido David, ya era todo un privilegio. David acudió al llamado de Joab al campo de batalla y se encargó de finalizar la tarea tomando a Rabá y quitándole la corona al rey.

> *"Y quitó la corona de la cabeza de su rey, la cual pesaba un talento de oro, y tenía piedras preciosas; y fue puesta sobre la cabeza de David. Y sacó muy grande botín de la ciudad"*
>
> (2 Samuel 12:30)

Joab hubiera podido ahorrarse este proceso y coronarse como rey. No lo hizo porque entendió algo que muchos rebeldes y desconocedores de la honra actualmente no quieren comprender: la unción para reinar y gobernar no estaba sobre él, sino sobre David. Al apoderarse de una posición que no le correspondía en ese momento, lo haría en sus fuerzas y no bajo el poder del Espíritu de Dios. Si muchos ambiciosos de poder entendieran este sencillo principio, no viéramos tantos ministros fracasados. Reconocer a quien tiene la autoridad y la unción y andar bajo su cobertura, es fundamental para ostentarla posteriormente.

Una lección que se aprende de la actitud de Joab es que él siempre vio su trabajo como una misión de servicio al rey, al escogido y ungido por Dios. Servir al ministro de Dios era su propio ministerio. David era el portador de la Visión de ese momento para los israelitas, así que lo mejor era mantenerse en ella para bien de todo el pueblo. Puedo suponer que la conquista de Rabá fue una labor que implicó riesgo, luchas a muerte contra el adversario, pero Joab no se detuvo en el proceso con el pensamiento egoísta de "¿para qué hago esto si la honra va a ser para otro?", sino que avanzó visualizando el bienestar de toda la nación. Este es el pensamiento que debe guiar nuestras acciones en la Iglesia, saber que nuestro servicio a la Visión que porta el líder, es una forma de bendecir a toda la comunidad a la que pertenezco.

Cada vez que usted intente renunciar porque otros le insinúan hacerlo con el argumento: ¡No te afanes trabajando para otro!, acuérdese de la actitud y del espíritu de Joab. Su comportamiento aumentó la confianza de David en él y esto le ayudó a consolidar su liderazgo.

LA SUNAMITA HONRA A ELISEO

"Aconteció también que un día pasaba Eliseo por Sunem; y había allí una mujer importante, que le invitaba insistentemente a que comiese; y cuando él pasaba por allí, venía a la casa de ella a comer. Y ella dijo a su marido: He aquí ahora, yo entiendo que éste que siempre pasa por nuestra casa, es varón santo de Dios. Yo te ruego que hagamos un pequeño aposento de paredes, y pongamos allí cama, mesa, silla y candelero, para que cuando él viniere a nosotros, se quede en él"

(2 Reyes 4:8-10)

Este es un claro cuadro de honra al siervo de Dios mediante la hospitalidad. La protagonista del relato es una "mujer importante", la Biblia no dice si esta importancia correspondía a su posición económica o a la ocupación de algún cargo en la comunidad, pero sí resalta su corazón bondadoso hacia un siervo de Dios. La historia cuenta más adelante que Eliseo siente en su corazón compensar la manera como esta mujer apoya su ministerio y descubre que ella

no tiene hijos, así que intercede al Señor y le
hace una declaración profética que la convierte
en madre.

> *"Y él le dijo: El año que viene, por este tiempo, abrazarás
> un hijo. Y ella dijo: No, señor mío, varón de Dios, no
> hagas burla de tu sierva. Mas la mujer concibió, y dio a
> luz un hijo el año siguiente, en el tiempo que Eliseo le
> había dicho"*
>
> (2 Reyes 4:16-17)

DECLARACIÓN PROFÉTICA
PARA LOS QUE VIVEN BAJO AUTORIDAD

*Este es un buen tiempo para que haga la misma
declaración de la sunamita: "Si yo bendigo al hombre
de la unción, también atraigo para mí lo que él
representa: la prosperidad y la unción". Dios le ha
puesto bajo autoridad para revestirlo de autoridad.*

Mucha gente había sido bendecida hasta ese
momento por el profeta Eliseo, pero sólo esta
mujer tomó la bendición profética. **La honra a
los siervos de Dios y el respeto al manto de
autoridad que está sobre ellos, abre la puerta a
profecías de bendición y prosperidad en todas
las áreas de nuestra vida.** Reconocer a quienes
tienen autoridad, es permitir que esa autoridad

actúe a favor nuestro. Lo que la sunamita estuvo dispuesta a sembrar en Eliseo, lo cosechó en la satisfacción de su más grande necesidad.

Se honra a una persona por lo que Dios le ha dado, por lo que Él hace a través de ella, y por lo que esa persona representa para nosotros. La sunamita tenía en alto concepto a Eliseo porque desde la primera vez que lo vio en su ciudad percibió en él el poder de Dios. Creo que ella pensó: "Si yo bendigo al hombre de la unción, también atraigo para mí lo que él representa: la prosperidad y la unción". Ella siempre supo a quién hospedaba en su casa y no escatimó esfuerzo para que el siervo estuviera cómodo. ¿Qué está haciendo usted hoy para honrar a sus líderes, o qué estaría dispuesto a hacer?

La sunamita recibió lo que necesitaba porque un hombre de Dios, aunque en un momento no resuelva una necesidad material, sí tiene la Palabra y el poder para cambiar proféticamente nuestro destino.

El fruto de los actos sinceros de reconocimiento a la autoridad siempre perdura. El Señor no da bendiciones incompletas cuando éstas han partido de una declaración puesta en labios de sus ungidos. La historia cuenta que el niño que le nació a esta mujer murió pocos años después. En ese momento ella no renegó contra

Dios, sino que recordó la ofrenda que había hecho por su hijo al bendecir al profeta. Pensó en Eliseo y que Dios podía usarlo a él para resucitar al muchacho de la misma manera como lo había usado para que ella lo diera a luz. Si el Señor había puesto en su siervo el poder para abrir los cielos y traer vida, con seguridad también lo había ungido para evitar que el diablo los cierre propiciando la muerte. Con ese convencimiento logró que Eliseo volviera a su casa, y dice la Biblia:

> *"Entrando él entonces, cerró la puerta tras ambos, y oró a Jehová. Después subió y se tendió sobre el niño, poniendo su boca sobre la boca de él, y sus ojos sobre sus ojos, y sus manos sobre las manos suyas; así se tendió sobre él, y el cuerpo del niño entró en calor"*
>
> (2 Reyes 4:33-34)

El relato continúa diciendo que el niño abrió sus ojos después de estornudar siete veces. Este es el tipo de milagros que resultan de la honra a los siervos de Dios. Las Escrituras siguen contando otros milagros de los que esta mujer fue beneficiaria, como su protección y sustento durante los años de hambre. Ella siempre vio los cielos abiertos sobre su vida porque dispuso su corazón para honrar al hombre escogido y enviado de Dios.

Estos reconocimientos también están destinados para usted. Sólo tiene que disponerse, como Joab y la sunamita, a honrar a los líderes y pastores que el Señor ha escogido para edificar su vida.

La honra con la que bendecimos a nuestros líderes espirituales, siempre es recompensada de parte de Dios.

DISPÓNGASE A HONRAR AL HOMBRE DE DIOS

"El Padre compartirá su riqueza con nosotros, si obedecemos su voluntad para hacer su obra"

(Warren W. Wiersbe)

Ahora es su turno para honrar. Absalón tuvo su oportunidad y no la aprovechó. Joab y la sunamita la tuvieron y Dios les bendijo. Mi interés ahora es guiarle para que renuncie al espíritu de Absalón y permita que el Señor lo convierta en un instrumento de honra a sus padres, a sus directivos, a sus jefes, a sus líderes y pastores. Es un acto de obediencia y el Dr. Warren Wiersbe dice que la obediencia motiva a Dios a compartir su riqueza con nosotros. Jesús dijo:

DECLARACIÓN PROFÉTICA
PARA LOS QUE VIVEN BAJO AUTORIDAD

*Dios está interesado en bendecirle en forma
sobrenatural. La honra es una semilla que produce
fruto en el Reino y el Señor lo traslada a sus manos.*

Como siervos del altísimo, los líderes y pastores tenemos una responsabilidad inmensa. Nuestro trabajo consiste en extender el reino de Dios mediante la predicación de su Palabra, pero en conjunto con este trabajo, también tenemos el compromiso de procurar el bienestar físico, material y emocional de las ovejas a nuestro cargo. No es fácil ser Pastor, pero esta labor brinda las más altas satisfacciones cuando percibimos la honra de parte de nuestros discípulos. Si usted es alguien que aspira vivir continuamente bendecido, no se junte nunca con aquellos que abren sus labios para denigrar de sus Pastores. Recibimos honra de profeta cuando bendecimos a los profetas de Dios.

Muchos de ustedes han sido transformados por el poder de una Palabra predicada en el momento justo. Pablo dijo: "Si para unos no soy apóstol, ciertamente vosotros sois el sello de mi apostolado". Observe cómo era usted antes de empezar a ir a la Iglesia donde se congrega y de haber recibido el consejo pastoral, y compare su situación de ese entonces con lo que es ahora. Si es sincero con Dios y con usted mismo, reconocerá la transformación que el mensaje predicado ha hecho en su vida.

LA HONRA SE ENSEÑA Y SE APRENDE

"Instruye al niño en su camino, y aun cuando fuere viejo no se apartará de él"

(Proverbios 22:6)

La honra se enseña y se aprende mediante el ejemplo y la práctica continuas. Recuerdo que en una ocasión me encontraba sumamente enfermo. Una fiebre altísima tomó mi cuerpo y el escalofrío me hacía temblar. Mi hijo Junior, quien en ese entonces tenía 10 años, se dio cuenta de lo que me pasaba y, sin que yo se lo pidiera, entró al cuarto, se quitó los zapatos y se acostó a mi lado. Abrazándome, a pesar del fuego que despedía mi cuerpo, lo escuché orar con fervor: "Papito Dios, no permitas que mi papá se enferme". Cada vez que yo temblaba, decía: "¡En el nombre de Jesús mi papá es sano!" Oraba con tanta fuerza e intensidad que yo percibí el poder de Dios en él. Ese día me di cuenta que Junior estaba honrándome como papá porque había aprendido lo que le enseñamos de acuerdo a la Escritura: "Tienes que aprender a honrar a tus padres".

DECLARACIÓN PROFÉTICA
PARA LOS QUE VIVEN BAJO AUTORIDAD

Hoy se reafirma en usted una de las más importantes declaraciones de bendición de las Sagradas Escrituras: "Honra a tu padre y a tu madre… para que te vaya bien y seas de larga vida sobre la tierra".

La activación de lo sobrenatural en el ministerio de mi hijo Ferney, quien es Pastor y Profeta, fue reconfirmada como consecuencia de haber decidido honrarme como padre. Un día él se acercó y me dijo: "Papá, mi mandato y mi deber son honrarte estando a tu lado. Dios me puso en esta Visión y juntos vamos a sacarla adelante", y así lo ha venido haciendo.

Hay hijos que nunca honran a sus padres, porque sus padres jamás les enseñaron el poder de la honra. Cuando la Biblia dice: *"Honra a tu padre y a tu madre"*, no condiciona este acto a si los padres son buenos o malos, responsables o no. Los hijos que se levantan contra sus padres se colocan un cuchillo en su propia garganta, siembran un dolor que más adelante cosecharán. Por eso es importante el compromiso de la pareja en la formación de los hijos. Si su esposo o esposa le falló nunca ponga a sus hijos en contra de su cónyuge, porque les está creando un destino de fracaso.

Si honro lo que veo, lo que no veo me honrará. Es una relación de causa y efecto que debemos enseñar y poner en práctica en familia. Qué fácil es encontrar hoy a muchos hijos que ven a sus padres como un estorbo y llegan al punto de recluirlos en un ancianato. Un texto acerca de la honra dice: *"Delante de las canas te levantarás, y honrarás el rostro del anciano..."* Este principio me ha acompañado toda la vida. Aunque fui arrebatado del lado de mi madre cuando tenía 7 años, recuerdo que en una ocasión ella compró un pocillo tintero, lo envolvió en papel celofán y me pidió que lo guardara y se lo diera el día de las madres. En la celebración ella estuvo expectante de su regalo y yo estuve listo para agradarla. Así me enseñó el poder de la honra. Desde ese momento soñé con darle obsequios que realmente me costaran. Hoy el Señor me permite bendecirla con un salario, el pago de su renta y los servicios de la casa. Ella un día me honró, ahora es tiempo de que recoja el fruto de su siembra. No hemos sido llamados a señalar y condenar a nuestros padres, sino a bendecirlos.

HONRAR A LOS SIERVOS DE DIOS

"En gran manera me gocé en el Señor de que ya al fin habéis revivido vuestro cuidado de mí; de lo cual también estabais solícitos, pero os faltaba la oportunidad. No lo digo porque tenga escasez, pues he aprendido a contentarme, cualquiera sea mi situación. .Mi Dios, pues, suplirá todo lo que os falta conforme a sus riquezas en gloria en Cristo Jesús"

(Filipenses 4:19)

De la misma manera que David y Eliseo fueron honrados por aquellos que reconocieron su investidura y autoridad, también los líderes y pastores de hoy deben ser honrados por sus discípulos. Esta honra incluye el revestimiento en oración para que el Señor les conceda sabiduría y protección, pero además el aprovechamiento de oportunidades para bendecirlos en lo material y económico. Ya lo vimos anteriormente, hay recompensa de profeta para quienes bendicen a los profetas. Quien no honra a su Pastor, nunca será beneficiario de la unción que reposa sobre él.

El corazón de Epafrodito.

"Pero todo lo he recibido, y tengo abundancia; estoy lleno, habiendo recibido de Epafrodito lo que enviasteis; olor fragante, sacrificio acepto, agradable a Dios"

(Filipenses 4:18)

Pablo cierra la carta a los filipenses destacando el esfuerzo por apoyar económicamente su ministerio y su vida personal. De manera especial menciona a Epafrodito quien se convirtió en el canal a través del cual llegaba la generosidad de la gente a sus manos. Este hombre era el que motivaba a los hermanos a tomar de lo que Dios les había dado para bendecir a aquel ministro que siempre estuvo dispuesto a reconfortarlos con la predicación de la Palabra. Epafrodito es un ejemplo a seguir en cuanto a cómo honrar a los siervos de Dios, él no solamente se encargaba de reunir lo que otros daban para apoyar a Pablo, sino que su propia forma de hacerlo servía de inspiración a muchos.

En Filipenses 2:19-30, Pablo hace referencia al apoyo de Timoteo y de Epafrodito y resalta la disposición continua de este último en varios aspectos a fin de que su ministerio no se detuviera.

> *"Mas tuve por necesario enviaros a Epafrodito, mi hermano y colaborador y compañero de milicia, vuestro mensajero, y ministrador de mis necesidades"*
>
> (Filipenses 2:25)

Sólo en este versículo se aprecian varias de las cualidades que uno espera encontrar en la gente que integra nuestros equipos de trabajo mientras atendemos el llamado de Dios.

Mi hermano y colaborador. La honra al hombre y a la mujer de Dios va más allá del simple reconocimiento de su llamado. Implica también estar cerca de ellos practicando una hermandad "familiar" en la que la confianza sea abierta y con una disposición a colaborar activamente en cada tarea necesaria ministerialmente.

Compañero de milicia. Epafrodito no se limitaba a orar por Pablo, sino que estuvo siempre dispuesto a combatir a su lado para propagar el evangelio.

Vuestro mensajero. La confianza que Epafrodito ganó en el corazón de Pablo, permitía que éste fuera su emisario y que los hermanos le tuvieran la suficiente confianza como para creer sin condiciones los mensajes que el siervo enviaba a través de él.

Ministrador de mis necesidades. Aquí Pablo se refiere específicamente al aspecto material. Epafrodito siempre fue sensible a las necesidades del siervo de Dios. Se preocupó de su alimento, su techo y su vestido y lo hizo en todo momento tomando de sus propios recursos y motivando a la Iglesia para que no abandonaran a su Pastor.

Pablo hace énfasis en la entrega absoluta de Epafrodito como "patrocinador" directo de su ministerio o como el localizador de otros patrocinadores, lo cual hacía aun en medio del sufrimiento por alguna enfermedad. Hubo un tiempo en que este hombre estuvo a punto de morir, pero ni siquiera así dejó de velar por las necesidades de Pablo y la Biblia dice que, por eso, *"Dios tuvo misericordia de él"*. El apóstol motiva a los filipenses a verlo como un ejemplo y estimar a los que se comportan de la misma manera. Epafrodito es también para nosotros un ejemplo digno de imitar. La gente que en la Iglesia se levanta a apoyar a sus Pastores económicamente como él lo hizo con Pablo, además de honrar a los siervos del Señor, también son instrumentos poderosos para que la extensión del Reino mediante la predicación de la Palabra de Dios no se detenga. Personas como éstas también deben ser honradas e imitadas por la congregación. Pablo les dijo a los filipenses respecto a Epafrodito:

> *"Recibidle, pues, con gozo, y tened en estima a los que son como él. Porque por la obra de Cristo estuvo próximo a la muerte, exponiendo su vida para suplir lo que faltaba en vuestro servicio por mí"*
>
> (Filipenses 2:29-30)

Como sucedía a los filipenses según el testimonio de Pablo, muchas personas no respaldan a los ministros porque "no se les da la oportunidad", pero están solícitos y dispuestos a hacerlo cuando ésta se presenta. Pablo había aprendido a vivir en medio de cualquier situación, cuando tenía poco y cuando había abundancia, de manera que su vida no dependía precisamente de lo que los hermanos hicieran por él. Sin embargo, el apóstol sabía cuán importante era que la congregación fuera diligente en su cuidado porque esto era beneficioso para cada creyente. Como ocurre con muchos ministerios actualmente, en aquella época los apóstoles, aunque velaban por varias Iglesias a veces eran bendecidos económicamente sólo por una de ellas. En varias ocasiones Pablo recibía de los filipenses y esta sola generosidad le permitía sostenerse y seguir adelante con su ministerio. Él sabía que cada provisión surgía de corazones tan sinceros y tan agradecidos que cada vez que Epafrodito llegaba con la ofrenda, él la veía como una bendición en tres dimensiones: *"Olor fragante, sacrificio acepto, agradable a Dios"*

Hoy por hoy necesitamos en la obra de Dios a hombres y mujeres con el corazón de Epafrodito y de los filipenses, personas para las cuales bendecir material y económicamente a los siervos del Señor sea algo así como su propio ministerio.

Bendecid a los que os bendicen.

Existen muchos creyentes que viven agobiados económicamente porque nunca han tenido a bien ser canales de bendición para sus líderes. Y otras son testimonios vivos de la gracia y la bondad de Dios sobre ellos porque han puesto en práctica la sentencia que dice: *"Bendecid a los que os bendicen"*. Estas personas tuvieron un padre espiritual que les ayudó sembrando en sus corazones un mensaje que les encaminó a la abundancia y viven agradecidas.

DECLARACIÓN PROFÉTICA
PARA LOS QUE VIVEN BAJO AUTORIDAD

Lo que usted siembre en sus padres, Dios se lo recompensará. Esta es un código de bendición, de la misma manera que ofrendar y diezmar son llaves para vivir en prosperidad.

Hace unos años llegó a nuestra Iglesia un hombre que había sido víctima de hechicería generándole una enfermedad que le afectó de la cintura hacia abajo, según lo que Dios me mostró. No tenía piel y caminaba con dificultad. Oré por él y tres días después el mal desapareció de su cuerpo. Dios me indicó que este hombre iba a recibir un contrato multimillonario, y así fue. Pero tristemente, después de haber recibido la doble bendición de la sanidad y la provisión económica, nunca más volvió a la Iglesia. Meses después lo encontré conduciendo una camioneta lujosa. Al preguntarle por qué no había vuelto, me dijo que había decidido congregarse en una Iglesia al norte de la ciudad. Casos como este los vivimos continuamente. Algunas personas son bendecidas por la intercesión de un hombre de Dios, pero no lo honran como enseña la Biblia.

A un Pastor le preguntaron: "¿Cómo hizo para que esos 12 millonarios que lo apoyan trabajen para usted y sostengan económicamente la Iglesia?" Él respondió: "No, más bien pregúnteme cómo hice para que esos 12 quebrados se convirtieran en millonarios". Si nunca olvidamos el principio de la honra, siempre vamos a exaltar con ella a aquellos que Dios llama y escoge para transformar y bendecir nuestra vida.

DECLARACIÓN PROFÉTICA
PARA LOS QUE VIVEN BAJO AUTORIDAD

Ha llegado su tiempo de honra, reconocimiento, valoración y revestimiento de autoridad. Coseche esto y aun más disponiéndose a vivir bajo autoridad y honrando al líder que le da cobertura.

No pierda oportunidad para honrar a sus padres, a su cónyuge, a sus líderes. Dígales cuánto los ama y demuéstreles ese amor siendo canal de Dios para poner bendición material en sus manos. **Llame a su Pastor y dele gracias por la Palabra predicada y que ha sido tan importante**

en su vida, hónrelo reconociendo su autoridad y también bendiciéndole materialmente. No sea instrumento de deshonra hablando mal de su Pastor en la casa, ni tampoco preste su vivienda para que vengan otras personas a hacerlo. Más bien póngase de acuerdo con su familia para bendecir a sus líderes, no porque él o ella necesiten, sino porque al hacerlo, las arcas del cielo se mantienen abiertas para usted.

Recuerde el final de Absalón y renuncie a andar como él lo hizo. Dios tiene puertas abiertas para todos aquellos que aprenden a andar en sujeción y honran a sus escogidos.

> La única manera de erradicar el espíritu de Absalón es disponiéndonos a vivir en sujeción y obediencia al líder que Dios ha escogido para bendecirnos.

Autoridad bajo AUTORIDAD, un patrón de éxito

"Porque yo sé los pensamientos que tengo acerca de vosotros, dice Jehová, pensamientos de paz, y no de mal, para daros el fin que esperáis"

(Jeremías 29:11)

Si es usted una persona que sueña diariamente con alcanzar el éxito, lo felicito, porque usted nació para ganar. Es más, le tengo buena noticia, Dios desea verlo triunfar y ha preparado un sinnúmero de oportunidades para que lo logre y ostente autoridad.

Dos claves son fundamentales para que alcance ese objetivo: la obediencia a los mandamientos del Reino y la sujeción a las autoridades delegadas por Dios. En otras palabras, "Autoridad bajo AUTORIDAD" es una estrategia de victoria, una fórmula garantizada desde el cielo para el éxito que usted anhela y se merece.

En los capítulos anteriores conocimos que existe un espíritu maligno que se opone a los propósitos eternos de Dios, opera en todo tiempo, en todo territorio y cultura y trasciende las generaciones: el espíritu de Absalón. Se opone a la autoridad divinamente establecida y edifica lealtad para sí mismo. Este espíritu maquina para usurpar tronos y posiciones de reconocimiento sin importar el daño que vaya dejando en el camino. ¡Hay que mantenerse alerta para no ser afectados por este espíritu porque, generalmente, opera en alguien muy cercano al líder oficial! La presencia del espíritu de Absalón se percibe en la familia, en las relaciones de pareja, en las grandes empresas, en las escuelas, y en la Iglesia. Mantenerse bajo el manto de autoridad delegado por Dios, es la única manera de crear un cerco de protección en derredor nuestro para que este espíritu no envenene nuestro corazón.

Absalón es un ejemplo fehaciente de que el fin de alguien rebelde con frecuencia es trágico, mientras que el final de los obedientes que respetan el manto de autoridad que los dirige, siempre es exitoso.

La honra también está destinada para su vida y liderazgo. Quizá la vea después de algunos procesos de perfeccionamiento que son necesarios, pero la verá si se somete a ellos con humildad porque la Biblia dice: "...a la

honra precede la humildad" (Proverbios 15:33).
Mientras se mantenga en sujeción y obediencia
a sus autoridades la gloria de Dios vendrá sobre
usted y Él le usará para que otros también sean
beneficiarios de su gloria.

DIOS LE BENDIGA

AP. GUSTAVO PÁEZ M

9 789589 897160 4